Investigación desarrollada por Lucero R. Sara E. Líder de esta investigación de IUCCEG. México & Hinostroza Marcela investigadora de la Corporación Pro Imaga y autora del curso, Cómo escribir tu Libro.

Investigación desarrollada por Lucero R. Sara E. Líder de esta investigación de IUCCEG. México & Hinostroza Marcela investigadora de la Corporación Pro Imaga y autora del curso, Cómo escribir tu Libro.

# La Escritura

## Una Herramienta en el Desarrollo Socio Emocional

*Descubre al Escritor*

*que Llevas dentro*


**SARA ESPERANZA LUCERO REVELO**

**MARCELA HINOSTROZA**



Investigación desarrollada por Lucero R. Sara E. Líder de esta investigación de IUCCEG. México & Hinostroza Marcela investigadora de la Corporación Pro Imaga y autora del curso, Cómo escribir tu Libro.

La Escritura, Una Herramienta en el Desarrollo Socio Emocional. Descubre al Escritor que llevas dentro.

Marcela Hinostroza 2022.

Sara Esperanza Lucero Revelo 2022.

Primera Edición 2022.

Lima-Perú Tel: (51) 980543108 (51) 970632659

Bogotá-Colombia Tel: (57) 3166235216

proimagamhl@gmail.com

seslure6@gmail.com

Diseño de Portada: Marcela Hinostroza



Investigación desarrollada por Lucero R. Sara E. Líder de esta investigación de IUCCEG. México & Hinostroza Marcela investigadora de la Corporación Pro Imaga y autora del curso, Cómo escribir tu Libro.

# CONTENIDO



Investigación desarrollada por Lucero R. Sara E. Líder de esta investigación de IUCCEG. México & Hinostroza Marcela investigadora de la Corporación Pro Imaga y autora del curso, Cómo escribir tu Libro.

1.4. Autoconciencia desde el significado creativo de la situación desde la intervención Gestalt.

1.5. Autoconocimiento desde lo cognitivo y emocional.

1.6. Escritura catártica como preparación a la escritura de obras.

1.7. Psicoeducación como apoyo cognitivo emocional.

1.7.1. Psicoeducación cognitivo

emocional de grupo e intervención individual.

1.7.2. El compromiso de los participantes con ética de producción.

1.7.3. Disposición y disciplina para cumplir con las metas del curso.

1.7.4. Disponibilidad en la relación de ayuda psicoeducativa.

1.7.5. Respeto y compromiso colaborativo con el grupo.

1.7.6. Importancia de registrar las obras en derechos de autor.

Investigación desarrollada por Lucero R. Sara E. Líder de esta investigación de IUCCEG. México & Hinostroza Marcela investigadora de la Corporación Pro Imaga y autora del curso, Cómo escribir tu Libro.

Investigación desarrollada por Lucero R. Sara E. Líder de esta investigación de IUCCEG. México & Hinostroza Marcela investigadora de la Corporación Pro Imaga y autora del curso, Cómo escribir tu Libro.

Investigación desarrollada por Lucero R. Sara E. Líder de esta investigación de IUCCEG. México & Hinostroza Marcela investigadora de la Corporación Pro Imaga y autora del curso, Cómo escribir tu Libro.

**Capítulo 6.** Estructura tu Libro.          **Pág. 89**



Investigación desarrollada por Lucero R. Sara E. Líder de esta investigación de IUCCEG. México & Hinostroza Marcela investigadora de la Corporación Pro Imaga y autora del curso, Cómo escribir tu Libro.

**Capítulo 11.** Qué significa una publicación desde la perspectiva psico socio educativo.



11.1. Elementos psicológicos que influyen en el mercadeo de obras escritas.

11.2. Psicología del Color.



Investigación desarrollada por Lucero R. Sara E. Líder de esta investigación de IUCCEG. México & Hinostroza Marcela investigadora de la Corporación Pro Imaga y autora del curso, Cómo escribir tu Libro.

# AGRADECIMIENTO
## (MARCELA)

A Dios, que me permite seguir en este camino, aprendiendo y compartiendo conocimiento.

A mis hijos, por su paciencia, por sus tiempos y por todo el amor que me brindan.

A mi familia, en general, amigos, personas cercanas que trabajan conmigo, que hacen posible que pueda ser productiva.

A la Dra. Sara Esperanza Lucero Revelo, quien es la propulsora de esta investigación y quien con su experiencia y conocimiento ha logrado avalar, científicamente, la metodología del curso de escritura catártica: Cómo escribir tu Libro.

A ustedes, que están leyendo estas líneas, por darse el tiempo de querer saber más, por darse el tiempo de querer descubrir a través de este libro; al Escritor que llevan dentro.

Investigación desarrollada por Lucero R. Sara E. Líder de esta investigación de IUCCEG. México & Hinostroza Marcela investigadora de la Corporación Pro Imaga y autora del curso, Cómo escribir tu Libro.

# ACERCA DEL AUTOR

Josefina Marcela Hinostroza Lora: escritora, guionista, productora, periodista y actriz Peruana-Mexicana. Conductora del programa Televisivo: Cómo escribir tu Libro. Creadora del método de pedagogía experiencial y vivencial para escribir un Libro: *Cómo Escribir tu Libro*; a través de técnicas, creativas, mediante la escritura catártica, de sanación socio emocional y acompañamiento grupal para convertirlo en Amazon Best Seller. Licenciada en Ciencias de la Comunicación, Universidad Inca Garcilazo De la Vega (1985-1990).

Estudios de Cinematografía y Fotografía, (México, 1991-1992). Perfeccionamiento Actoral con los Actores del Método: New York y México. Miembro del Sindicado de Actores de México, ANDA. Y del Sindicato de Actores del Perú, SAIP. Guionista Televisa: (México).

Certificación en *Photoreading* in Learning Strategies Corporation de Paul R. Sheele. (2022)

Investigación desarrollada por Lucero R. Sara E. Líder de esta investigación de IUCCEG. México & Hinostroza Marcela investigadora de la Corporación Pro Imaga y autora del curso, Cómo escribir tu Libro.

Como guionista trabajó para TELEVISA: Telenovela, *Amar otra vez*, con Valentino Lanús, Angélica María. Programas como; *HOMENAJE A CHESPIRITO, ESPACIO 2009*, entre otros.

En el Perú como ejecutiva de cuentas y productora para RBC, Canal 11. Producción ejecutiva, Relaciones Públicas en Canal 7.

Escribió guiones para la telenovela *AVENIDA PERÚ* y la serie *YO PERDÍ EL CORAZÓN*, (2013 - 2014).

Autora escritora, guionista, actriz de la obra literaria y en el audiovisual *"LAS BUSTAMANTE. CUATRO PADRES PARA CUATRO HIJAS"* (2014).

Dramaturga de las obras: *LA SUERTE DE LA FEA, LA BONITA LA DESEA* y *BOM BOM* (2014 – 2019).

Escritora del Libro, novela de Ciencia Ficción: *EL VIRUS ESPARTANO*, Creación de una Nueva Especie (2021), AMAZON BEST SELLER, México, Perú, EEUU, España. Y de los libros: *Escritor Rico, Escritor Pobre. ¿Cómo escribir tu libro? 1, 2, 3. Técnicas y herramientas creativas y Narrativas para escribir tu libro, (2021). Stand up Comedy a Dos Voces, (2021). Consejos Serios para escribir Comedia, (2022).* Entre otros artículos y libros resultado de ponencias e investigaciones académicas.

Investigación desarrollada por Lucero R. Sara E. Líder de esta investigación de IUCCEG. México & Hinostroza Marcela investigadora de la Corporación Pro Imaga y autora del curso, Cómo escribir tu Libro.

# MARCELA HINOSTROZA

*Ilustración 1MARCELA HINOSTROZA*

Investigación desarrollada por Lucero R. Sara E. Líder de esta investigación de IUCCEG. México & Hinostroza Marcela investigadora de la Corporación Pro Imaga y autora del curso, Cómo escribir tu Libro.

# AGRADECIMIENTO

## (SARITA)

Gracias Dios, por la salud, vida y oportunidad de conocer personas maravillosas como Marcela Hinostroza, quien traspasa fronteras con el curso: "Cómo escribir un libro". Porque su calidad metodológica y calidad humana facilita llegar a la realización del sueño de escribir un libro con la satisfacción de saber hacerlo.

Agradezco a mis hijos Catalina y Darío por su apoyo en cada proyecto que emprendo, a mis nietos Anthonela y Juan, porque son como los luceros que iluminan mi camino con su afecto, y ternura. A Carlos Mario mi yerno por su disponibilidad y apoyo.

Investigación desarrollada por Lucero R. Sara E. Líder de esta investigación de IUCCEG. México & Hinostroza Marcela investigadora de la Corporación Pro Imaga y autora del curso, Cómo escribir tu Libro.

# ACERCA DEL AUTOR
# SARA ESPERANZA LUCERO REVELO

Investigación desarrollada por Lucero R. Sara E. Líder de esta investigación de IUCCEG. México & Hinostroza Marcela investigadora de la Corporación Pro Imaga y autora del curso, Cómo escribir tu Libro.

Psicóloga, Dra. en Psico rehabilitación, Dra. en Educación con PhD y mención Cum Laude, Magister en Educación de adultos, Especialista en Pedagogía para el Desarrollo del Aprendizaje Autónoma, Psicoterapeuta con acreditación de la SEPS.

Investigadora Asociada y par evaluador de Colciencias. Par evaluador de CA-CENEIP México. Docente universitaria de posgrados, directora de tesis de doctorado y maestría.

Escritora de los libros:

- Desarrollo de competencias socioemocionales desde lo cognitivo y lo emocional.

- La poesía como apoyo psicológico.

- La mediación pedagógica desde el desarrollo de habilidades básicas de pensamiento.

- La autorregulación cognitivo emocional. Instrumento de evaluación.

- Otros libres en coautoría interdisciplinar.

- Además, ha publicado diferentes artículos resultado de investigación y ponencias en diferente revistas nacionales e internacionales.

Investigación desarrollada por Lucero R. Sara E. Líder de esta investigación de IUCCEG. México & Hinostroza Marcela investigadora de la Corporación Pro Imaga y autora del curso, Cómo escribir tu Libro.

# INTRODUCCIÓN

Este libro es uno de los resultados de la investigación "la escritura una herramienta en el desarrollo socioemocional", es la construcción teórica y la conceptualización, que se fue estructurando a partir de la observación participante en los cursos de redacción de libros desarrollado durante los años 2021-2022.

Investigación, que permitió, sistematizar la experiencia del curso de redacción y publicación de libros e identificar, como la escritura es una herramienta para el desarrollo de la inteligencia emocional, a través de llevar a la práctica las competencias socioemocionales, tales como: la autoconciencia, autorregulación, automotivación, autonomía y habilidades sociales.

Curso, que facilitó, generar espacios de aprendizaje autónomo, para escribir desde sus propias realidades, iniciando por una escritura espontanea, libre y /o catártica; para luego auto reflexionar los escritos y reescribir, para convertirse en una obra de producción escritural, convirtiéndose en un compromiso consigo

Investigación desarrollada por Lucero R. Sara E. Líder de esta investigación de IUCCEG. México & Hinostroza Marcela investigadora de la Corporación Pro Imaga y autora del curso, Cómo escribir tu Libro.

mismo, validado con la reflexión crítica del grupo de estudio y producción.

Proceso escritural, que lleva a tomar conciencia, con el reconocimiento de las emociones, sentimientos, pensamientos y creencias, presentes en cada historia de vida de los participantes, facilitando procesos de autorregulación cognitivo emocional, resolución de conflictos frente a experiencias en las que se encuentran, muchas veces anclados en alguna etapa de su vida.

Desde el curso de capacitación, se emplea el método de Otálora (2010) con el "diseño de espacios significativos", como una de las estrategias psico socioeducativa. Desde los cinco criterios para promover ambientes de aprendizaje significativos, tales como: situaciones estructuradas, intensivas, extensivas, generativas y ricas en formas de interacción. Estrategia que permite el reconocimiento de emociones, pensamientos y sentimientos.

Por tanto, en el primer capítulo de este libro se da cuenta, de cómo se utiliza la pedagogía experiencial, fomentando la vivencia unida a la experiencia propia, a aprender haciendo reflexivamente y conscientemente.

Investigación desarrollada por Lucero R. Sara E. Líder de esta investigación de IUCCEG. México & Hinostroza Marcela investigadora de la Corporación Pro Imaga y autora del curso, Cómo escribir tu Libro.

Donde, la escritura como un medio para aprender a aprender, aprender hacer, aprender a ser y aprender a interactuar.

Además, se da a conocer cómo se trabaja la intervención psicoeducativa de forma transversal para generar autoconciencia desde el significado creativo de la situación desde la intervención Gestalt.

Por otra parte, se trata del autoconocimiento desde lo cognitivo y emocional y el compromiso de los participantes con ética de producción.

En un segundo capítulo, se pone al tanto de cómo los espacios de aprendizaje significativo se logran desde la escritura psico socioeducativa.

Y así sucesivamente se irá resaltando, la importancia del acompañamiento integral del curso como escribir un libro y publicar.

Investigación desarrollada por Lucero R. Sara E. Líder de esta investigación de IUCCEG. México & Hinostroza Marcela investigadora de la Corporación Pro Imaga y autora del curso, Cómo escribir tu Libro.

Investigación desarrollada por Lucero R. Sara E. Líder de esta investigación de IUCCEG. México & Hinostroza Marcela investigadora de la Corporación Pro Imaga y autora del curso, Cómo escribir tu Libro.

# CAPÍTULO 1

# PERSPECTIVAS EN QUE SE FUNDAMENTA EL CURSO DE ESCRITURA Y PUBLICACIÓN DE OBRAS

Investigación desarrollada por Lucero R. Sara E. Líder de esta investigación de IUCCEG. México & Hinostroza Marcela investigadora de la Corporación Pro Imaga y autora del curso, Cómo escribir tu Libro.

Investigación desarrollada por Lucero R. Sara E. Líder de esta investigación de IUCCEG. México & Hinostroza Marcela investigadora de la Corporación Pro Imaga y autora del curso, Cómo escribir tu Libro.

Las perspectivas en que se fundamenta el curso son: la Pedagogía experiencial o vivencial y la intervención psicoeducativa

## 1.1 PEDAGOGÍA EXPERIENCIAL O VIVENCIAL.

## 1.1.1 FOMENTAR LA VIVENCIA UNIDA A LA EXPERIENCIA PROPIA

La vivencia, unida a la experiencia propia, facilita una tendencia actualizante y con ello la autorregulación cognitivo emocional. En este sentido, se retoma a Tomeo (2012), quien desde los aportes de Rogers, considera que la autorregulación y autodirección facilitan condiciones para que se propicie una tendencia actualizante en la capacidad de adaptación para la satisfacción de las propias necesidades. Desde la capacidad intrínseca de cada persona, en búsqueda del equilibrio emocional en pro de un desarrollo de potencialidades.

Al respecto de autorregulación cognitivo emocional, según Lucero (2020), es fundamental para "el autodominio emocional, el cual ayuda a la autoobservación desde la autorreflexión,

Investigación desarrollada por Lucero R. Sara E. Líder de esta investigación de IUCCEG. México & Hinostroza Marcela investigadora de la Corporación Pro Imaga y autora del curso, Cómo escribir tu Libro.

autoverificación de emociones, sentimiento, ideas sobre sí mismo, expresadas en palabras generadoras y anclajes, manifestados en la producción textual" p.48

Es por esto, que, los cursos de escritura de libros, desde la perspectiva de la pedagógica experiencial o vivencial y desde la intervención psicoeducativa, estimula la vivencia para comprender el pasado como experiencia de catarsis y aprendizaje. Para a partir de ello hacer una producción escrita creativa desde una postura positiva frente a las dificultades y éxitos vividos.

## 1.1.2 APRENDER HACIENDO REFLEXIVAMENTE Y CONSCIENTEMENTE.

Retomando a L.D. Insuasty citado por (Gómez G., 2007) en el curso la escritura de libros los estudiantes aprenden a expresarse desde un trabajo individual independiente mediante el propósito de publicar un libro o una novela.

Además, interactúan en pequeño y gran grupo con fundamento en un aprendizaje cooperativo donde se realiza la confrontación de ideas, corrección y complementación desde la actitud reflexiva y crítica. Con lo cual se realiza la autoevaluación

Investigación desarrollada por Lucero R. Sara E. Líder de esta investigación de IUCCEG. México & Hinostroza Marcela investigadora de la Corporación Pro Imaga y autora del curso, Cómo escribir tu Libro.

y coevaluación y hetero evaluación todo lo cual fortalece el aprendizaje reflexivo y consciente.

## 1.2 LA ESCRITURA COMO UN MEDIO PARA APRENDER A APRENDER.

De igual manera se apoya en los fundamentos teóricos de L.D. Insuasty citado por Gómez G. (2007) retomando algunos postulados del aprendizaje autónomo se promueve la escritura como una posibilidad de desarrollo humano desde los siguientes aspectos fundamentales como:

**1.2.1 Aprender a aprender**, desde la catarsis en el primer paso de la escritura hasta la producción escrita, donde se propicia el desarrollo de la originalidad, la creatividad, la capacidad crítica, reflexiva y de toma de conciencia, lo cual incentiva a una formación permanente.

**1.2.2 Aprender a hacer**; es un aprender hacer desde la integración a nuevas tecnologías aprovechando los recursos que le brinda la informática, la investigación, el arte, donde se hace uso de la creatividad, capacidades y habilidades de cada participante.

Investigación desarrollada por Lucero R. Sara E. Líder de esta investigación de IUCCEG. México & Hinostroza Marcela investigadora de la Corporación Pro Imaga y autora del curso, Cómo escribir tu Libro.

### 1.2.3. APRENDA A SER.

El facilitar espacios para la expresión del pensamiento y emociones mediante la escritura y la participación en pequeño y gran grupo, promueve "el desarrollo de actitudes acordes con la dignidad de la persona y con su proyección solidaria hacia los demás y hacia el mundo" (Gómez G., 2007) p.81

### 1.2.4. APRENDER A INTERACTUAR.

Los participantes participan de acuerdo a su ritmo en el desarrollo socio emocional y habilidades comunicativas de los participantes, desde sus diferentes contextos de procedencia de s ambiente físico, artístico, científico y social.

Donde el diseño de los planes de clase permite la automotivación para construir las propias estrategias de aprendizaje y conocimiento que llevan a un desarrollo organizado de competencias. Donde cada quien construye para sí mismo, para los demás y para un público lector. Desde un ambiente que lleva al desarrollo de la autoconciencia, autoaceptación, autodeterminación mediante la lógica y la creatividad.

Investigación desarrollada por Lucero R. Sara E. Líder de esta investigación de IUCCEG. México & Hinostroza Marcela investigadora de la Corporación Pro Imaga y autora del curso, Cómo escribir tu Libro.

## 1.3. INTERVENCIÓN PSICOEDUACTIVA.

La intervención psicoeducativa es: "Un proceso de acción continuo, dinámico, integral e integrador, dirigido a todas las personas, en todos los ámbitos, facetas y contextos a lo largo de su ciclo vital y con un carácter fundamentalmente social y educativo" (Eurasquin C., Denegri A., & Michele J., 2014)

Este apoyo psicoeducativo en el curso de escritura de libros y novelas, lo hace muy particular porque tiene un visión holístico que promueve la comprensión reflexiva, crítica y ecológica.

Donde, a más de ser un apoyo psicológico a los participantes, se hace una mediación facilitando procesos que lleven a la trasformación desde lo personal y social.

Por tanto, la psicoeducación tiene como propósito; ayudar a transformar "para influir con mayor fuerza y decisión al crecimiento de las personas y a una mejor eficacia en aquellas intenciones que en cada ámbito pretende" (Tomeu, 2012).

Investigación desarrollada por Lucero R. Sara E. Líder de esta investigación de IUCCEG. México & Hinostroza Marcela investigadora de la Corporación Pro Imaga y autora del curso, Cómo escribir tu Libro.

## 1.4. AUTOCONCIENCIA DESDE EL SIGNIFICADO CREATIVO DE LA SITUACIÓN, DESDE LA INTERVENCIÓN GESTALT.

Desde la perspectiva Gestalt y el concepto de Estange I. & Pintado O. (2014), cada persona tiene la capacidad para reestablecer el equilibrio y bienestar, a partir de una personalidad integrada. Dicha capacidad, le facilita enfrentar y superar situaciones difíciles o adversas.

Por tanto, cada persona tiene la posibilidad de hacer autoconciencia, de allí la importancia de facilitar los medios como la escritura o las diferentes artes como estrategias que posibiliten la toma de conciencia de "situaciones adversas reestableciendo su homeostasis" (Estange I. & Pintado O., 2014)

Esto significa, prestar atención a eventos o situaciones fundamentales, que intervienen en el equilibrio consigo mismo y con el entorno. Tomando conciencia del ciclo de la experiencia, donde es fundamental tomar conciencia de la forma como se satisfacen las necesidades que van emergiendo en su proceso de desarrollo. Además, implica identificar los bloqueos o interrupciones, que surgen en la forma de satisfacer necesidades y tanto contribuyen en un desarrollo armónico.

Investigación desarrollada por Lucero R. Sara E. Líder de esta investigación de IUCCEG. México & Hinostroza Marcela investigadora de la Corporación Pro Imaga y autora del curso, Cómo escribir tu Libro.

Todo lo cual, tiene que ver con la capacidad de organizar los pensamientos, emociones y sentimientos en Gestalt. Por tanto, la escritura facilita ir más allá de la sola percepción e identifica el "ahora", desde lo que está sintiendo, pensando y experimentando con la escritura. Cuando se va al rincón del recuerdo, las ideas van surgiendo de forma espontánea.

Estos momentos de vivencia ayudan a recordar y adquirir conocimientos y a articularlos con el sentir y pensar creativo. Donde esta flexibilidad, en el razonar, ayuda a la mejor comprensión de las diferentes realidades. Facilitando así, la autorregulación cognitivo emocional.

El leer los escritos por una sola vez, resultado de la catarsis, facilita la comprensión del "aquí y el ahora" mediante elementaos o pautas para favorecer la toma de conciencia y desde allí fortalecer las posibilidades de cambio a partir de "identificar las figuras y establecer de qué manera puede él mismo, encontrar los elementos que le ayuden a lograr el cambio interior que requiere" (Salamá, 2006)

Además, se fomenta el autoconocimiento, porque cada persona siente sus propias necesidades, aspecto muy importante para encontrar la forma adecuada de satisfacerlas.

Automotivación, que, marca la pauta para asumir la responsabilidad consigo mismo e ir fortaleciendo la autoconciencia

Investigación desarrollada por Lucero R. Sara E. Líder de esta investigación de IUCCEG. México & Hinostroza Marcela investigadora de la Corporación Pro Imaga y autora del curso, Cómo escribir tu Libro.

cognitivo emocional. Donde, la escritura juega un papel muy importante en el autoconocimiento intra personal.

La escritura, desde la perspectiva de la Gestalt, no solo pretende buscar traumas o impactos del pasado. Si no identificar, desde la perspectiva del presente, anclajes significativos de experiencias incompletas, que afectan al volver a manifestarse.

Es por esto que la escritura en el proceso de autoconciencia ayuda a que surjan a que se vuelvan a vivir o experimentar identificando el sentir y pensar "para que las asimile y cierre esa Gestalt con los recursos que tiene en ese momento" (Stevens, 1990; Vásquez, 2000; Zinker, 2000).

Experiencia escritural que ayuda a identificar el "cómo" se vivencia, se experimenta o percibe la situación, todo lo cual evita estancarse en el "por qué" dando el paso al para qué, lo cual lleva a la autoconciencia desde mejores aprendizajes.

Donde, desde el "darse cuenta", puede percibir qué es lo que está ocurriendo en su vida, la manera en que lo realiza y hacia dónde se dirige". (Estange I. & Pintado O., 2014), llevando todo esto a la autoaceptación y cambio.

De acuerdo a Stevens (1990), hay tres zonas del "darse cuenta" o zonas de toma de conciencia a través del autoconocimiento: el "darse cuenta" del mundo exterior, el "darse cuenta" del mundo

Investigación desarrollada por Lucero R. Sara E. Líder de esta investigación de IUCCEG. México & Hinostroza Marcela investigadora de la Corporación Pro Imaga y autora del curso, Cómo escribir tu Libro.

interior, las cuales están relacionadas con el momento que se está viviendo y el "darse cuenta" de la fantasía, en la cual se incluye toda actividad mental, está relacionada tanto con el pasado, como con el futuro.

En el proceso escritural catártico ayuda a trabajar el "darse cuenta", centrando la atención y la observación en la acción misma, reconociendo los cambios al identificar una situación.

¿Cómo no quedarse en los por qué? Si no ir más allá a través de cuestionarse ¿cómo percibo o asumo la situación o experiencia ?, el ¿qué? Y el ¿para qué se hace?

De esta manera se puede cerrar ciclos, es construir "una Gestalt clara y comprensible y aceptada para él "(Salama, H. 2006) es decir para sí mismo.

Donde la escritura autobiográfica ayuda a fortalecer el contacto consigo mismo, con el contexto donde interactúa, a identificar necesidad y posibilidades de satisfacción, identificando anclajes y bloqueos. Por otra parte, ayuda a identificar el ciclo de la experiencia que según (kepner, 1987)

*"puede verse como un mapa genérico al tener contacto con el entorno. Donde la escritura catártica propicia el surgimiento de la sensación y con ello la formación de una figura y es allí donde la escritura juega un papel importante para movilizar la acción hasta llegar al contacto satisfactorio para que se del cierre o conclusión".*

Investigación desarrollada por Lucero R. Sara E. Líder de esta investigación de IUCCEG. México & Hinostroza Marcela investigadora de la Corporación Pro Imaga y autora del curso, Cómo escribir tu Libro.

Proceso este que ayuda a la autorregulación cognitivo emocional y a "la autorregulación organísmica incluye: la percepción, la aceptación de lo que existe en relación con el ambiente y el surgimiento de la necesidad" (Perls y Baumgardner, 1978).

Porque al tener autoconciencia, se logra un mayor contacto consigo mismo a través de haber canalizado la energía en la concentración con la escritura identificando lo que necesita y desea. Esto permite ir cerrando las gestalt desde la autorregulación, el cual es un proceso continuo.

Donde "la persona que se autorregula se conoce y conoce a los demás, estableciendo límites entre su ser y el ser de los demás, permitiendo la interacción conservando su individualidad " (Perls, F. & Baumgardner, P, 1978) con la escritura hace más énfasis desde su propia realidad, desde su sentir y pensar.

Investigación desarrollada por Lucero R. Sara E. Líder de esta investigación de IUCCEG. México & Hinostroza Marcela investigadora de la Corporación Pro Imaga y autora del curso, Cómo escribir tu Libro.

## 1.5. AUTOCONOCIMIENTO DESDE LO COGNITIVO Y EMOCIONAL.

El curso de escritura de libros y novelas de Marcela Hinostroza, facilita el autoconocimiento desde lo cognitivo y lo emocional, identificando los pensamientos, creencias, emociones y sentimientos en sus producciones escritas.

Por lo cual, como plantea Maslow, acerca de la naturaleza interna que «… es mucho más conveniente sacarla a la luz y cultivarla que intentar ahogarla. Si se le permite que actúe como principio rector de nuestra vida; nos desarrollaremos saludable, provechosa y felizmente…" (Maslow,A., 1983) y esta posibilidad la da la escritura.

Donde también, desde la perspectiva de Massié (2010), a través de la metodología docente flexible desde un aprendizaje experiencial y autónomo facilita el desarrollo afectivo motivacional, la autorregulación y la autoevaluación.

Investigación desarrollada por Lucero R. Sara E. Líder de esta investigación de IUCCEG. México & Hinostroza Marcela investigadora de la Corporación Pro Imaga y autora del curso, Cómo escribir tu Libro.

## 1.6. ESCRITURA CATÁRTICA COMO PREPARACIÓN A LA ESCRITURA DE OBRAS.

### *Escritura*

*Escritura que hace aflorar, hasta lo más oculto,*
*Escribir, evidencia, acuerdos y compromisos,*
*Escribir, pinta los mejores sueños, conclusiones y metas.*
*Escribir dibuja los mejores sentimientos, emociones y pensamientos o hacen*
*daño o permiten crecer.*
*Escribir es catarsis del alma,*
*Que sana y conecta con la vida*
*Escribir conecta el cerebro con el movimiento y la emoción*
*Escribir sana el alma con la comunicación del sentir y pensar. Lucero*
*(2022)*

**P**or tanto, la catarsis es una posibilidad que brinda la escritura; porque permite conectarse consigo mismo para liberar pesos, dejar cargas que no le pertenecen, que muchas veces la reprime, por no saber expresar esa voz del silencio.

La represión, al no expresar lo que siente o piensa puede llevar a la enfermedad, a ser un obstáculo en el bienestar y quizá en algunos casos a afectar su salud mental.

Esta catarsis que brinda la escritura, ayuda a cerrar ciclos, identificar anclajes y a tener una mejor claridad para emprender nuevos rumbos.

Investigación desarrollada por Lucero R. Sara E. Líder de esta investigación de IUCCEG. México & Hinostroza Marcela investigadora de la Corporación Pro Imaga y autora del curso, Cómo escribir tu Libro.

Nuevos rumbos, que, muchas veces, se plasman en la creación de obras, donde la sabiduría de la experiencia se organiza y se complementa con la investigación, con la revisión bibliográfica y con la confrontación del conocimiento en el grupo de estudio y producción.

## 1.7. PSICOEDUCACIÓN COMO APOYO COGNITIVO EMOCIONAL.

Comprendiendo, que la psicoeducación, es un proceso continuo integral, integrador, por tanto, es transversal en el curso, donde se trabaja desde la observación participante e intervención oportuna, es estar alerta, para facilitar la elaboración de Gestalt y cierre de ciclos.

Por tanto, esta es la característica que diferencia a la escritura de textos de cualquier otro texto o curso. Porque el interés fundamental, es la relación de ayuda y la responsabilidad social que todos tenemos frente a promover el bienestar y salud mental.

Investigación desarrollada por Lucero R. Sara E. Líder de esta investigación de IUCCEG. México & Hinostroza Marcela investigadora de la Corporación Pro Imaga y autora del curso, Cómo escribir tu Libro.

### 1.7.1. PSICOEDUCACIÓN COGNITIVO EMOCIONAL DE GRUPO E INTERVENCIÓN INDIVIDUAL.

En el curso de escribir un libro desde la psicoeducación, al grupo se lo considera como vehículo de relación de ayuda para los participantes y para que sea un medio de confianza, que facilite la autorreflexión-crítica que lleve al cambio actitudes, conductas, manejo o autodominio de emociones, sentimientos, pensamientos y creencias desde la autorregulación cognitivo emocional.

En el caso, que, alguno de los participantes solicite el apoyo de la intervención psicológica, se lo aborda oportunamente y se aprovecha la escritura como terapia, con la intervención de la profesional de psicología.

Como se puede ver, este curso de escritura marca la diferencia, desde esta perspectiva integral e integradora.

Investigación desarrollada por Lucero R. Sara E. Líder de esta investigación de IUCCEG. México & Hinostroza Marcela investigadora de la Corporación Pro Imaga y autora del curso, Cómo escribir tu Libro.

### 1.7.2. EL COMPROMISO DE LOS PARTICIPANTES CON ÉTICA DE PRODUCCIÓN.

*"Un escritor puede ser un hombre radical o conservador, pero lo que está obligado a ser siempre, es intelectualmente íntegro, y no incurrir en el estereotipo, en el cliché o en la pura mentira retórica para conseguir el aplauso de un auditorio".*

*Mario Vargas Llosa*

Tal como indica Fauquié (2005), es fundamental la honestidad intelectual. Esto quiere decir, en la coherencia entre los principios y la práctica del escritor, donde la honestidad intelectual implica una individualidad crítica y libre.

*Quien escribe, quien comunica ante un lector o un espectador, ha de estar mediado por la ética en su pluma. De modo que, quien no asume el compromiso ético del acto de escribir ante un lector, es esclavo de otras decisiones poderosas que le obligan o le hacen escribir lo que no es suyo, en una especie de autocensura.* (Fauquié, 2005)

Investigación desarrollada por Lucero R. Sara E. Líder de esta investigación de IUCCEG. México & Hinostroza Marcela investigadora de la Corporación Pro Imaga y autora del curso, Cómo escribir tu Libro.

Por tanto, la falta de honestidad y coherencia del escritor, puede llevar a hacer plagio, el cual tiene consecuencias jurídicas y sanciones correspondientes.

Porque ejecuta en una copia o transcripción de una parte o de toda una obra de producción creativa e intelectual sin referenciar al autor correspondiente. Tanto en citas textuales o parafraseo.

## 1.7.3. DISPOSICIÓN Y DISCIPLINA PARA CUMPLIR CON LAS METAS DEL CURSO.

Cada participante necesita hacer un cronograma con horario de escritura diaria, para generar un hábito en la escritura y a la vez en lectura e investigación.

Además, el escritor, requiere una automotivación, desde la propia conexión consigo mismo, desde la utilización de las habilidades comunicativas, habilidades básicas de pensamiento como la observación la comparación, donde se establecen semejanzas y diferencias y a partir de ello hacer las diferentes descripciones y composiciones.

Investigación desarrollada por Lucero R. Sara E. Líder de esta investigación de IUCCEG. México & Hinostroza Marcela investigadora de la Corporación Pro Imaga y autora del curso, Cómo escribir tu Libro.

## 1.7.4. DISPONIBILIDAD EN LA RELACIÓN DE AYUDA PSICOEDUCATIVA.

La relación de ayuda, fortalece lo personal y lo afectivo, porque es un medio para confrontar realidades personales, saberes, el sentir y el pensar.

También, esta disponibilidad a la relación de ayuda es una oportunidad de reconocer dificultades, temores, percepciones, expectativas, aspiraciones. Por tanto, el acompañamiento afectivo emocional y profesional, ayuda a crear un proceso de acompañamiento socioeducativo y psicoeducativo cuando aprovecha el apoyo psicológico.

Esta relación de ayuda, en la escritura, ayuda a verificar la producción desde la lectura en voz alta, frente al otro, la presentación de portadas al grupo de estudio, quienes hacen críticas que ayudan a hacer mejores construcciones y expresan el sentir, pensar, haciendo las propias interpretaciones. Lo cual lleva al escritor,, a tener una confrontación critica de sus creaciones y producciones, las cuales lo enriquecen.

Investigación desarrollada por Lucero R. Sara E. Líder de esta investigación de IUCCEG. México & Hinostroza Marcela investigadora de la Corporación Pro Imaga y autora del curso, Cómo escribir tu Libro.

Esta relación de ayuda, permite verificar los intereses, lo que apasiona, los errores, las confusiones, los miedos y los logros.

Esta relación de ayuda, facilita el proceso de acompañamiento desde el aprendizaje dialógico y cooperativo, donde se fortalecen lazos afectivo emocionales que generan confianza y apoyo mutuo.

Además, el curso permitió generar el grupo de estudio denominado Milagro el cual se convirtió en un curso de estudio y producción escritural internacional, donde algunos asumen el dinamismo, con optimismo promoviendo la autorregulación cognitivo emocional mediante las diferentes interacciones, el crecimiento personal, y la actualización en manejo tecnológico y normas de escritura de textos

## 1.7.5. RESPETO Y COMPROMISO COLABORATIVO CON EL GRUPO.

El trabajo colaborativo del grupo tiene como propósito hacer reflexión crítica sobre la producción textual, para que se vaya construyendo y complementando el texto desde lo que quiere decir el autor y que comprende el lector.

Investigación desarrollada por Lucero R. Sara E. Líder de esta investigación de IUCCEG. México & Hinostroza Marcela investigadora de la Corporación Pro Imaga y autora del curso, Cómo escribir tu Libro.

El trabajo colaborativo, es una acción de reflexión conjunta para solucionar problemas de producción textual, para motivarse mutuamente con el aprendizaje dialógico y la crítica orientativa, desde la mirada de los demás.

"El trabajo colaborativo, se produce cuando se cumplen determinadas condiciones: interdependencia positiva, responsabilidad individual, desarrollo de habilidades de trabajo en grupo, grupos heterogéneos de trabajo, igualdad de oportunidades y alta motivación". (García PérezI, 2015)

Por tanto, el trabajo colaborativo genera interdependencia positiva, cuando cada integrante asume el compromiso de aprender de los demás y la colaboración como pares.

Donde el trabajo colaborativo del grupo de estudio y producción, favorece el aprendizaje de los participantes para aprender a negociar, criticar, dialogar, tomar decisiones con autonomía a partir de las opiniones de los demás, a asumir visiones éticas.

De esta manera, el trabajo colaborativo del grupo de estudio y producción es un espacio del conocimiento compartido donde se dan procesos de construcción y renovación del conocimiento.

Investigación desarrollada por Lucero R. Sara E. Líder de esta investigación de IUCCEG. México & Hinostroza Marcela investigadora de la Corporación Pro Imaga y autora del curso, Cómo escribir tu Libro.

Así como también el trabajo colaborativo incide en la motivación y disciplina para la consecución de metas, donde las interacciones y relaciones, afectivo emocionales mutuas, tienen una gran incidencia en la producción y creación.

## 1.7.6. IMPORTANCIA DE REGISTRAR LAS OBRAS EN DERECHOS DE AUTOR.

Toda obra requiere ser registrada, para que luego sean respetados los derechos de autor.

## 1.7.7. CADA UNO ES RESPONSABLE DE LO QUE PUBLICA.

Además, cada escritor, es responsable de lo que publica, más no es responsable la institución o facilitadora del curso de escritura de libros, de forma integral e integradora.

Investigación desarrollada por Lucero R. Sara E. Líder de esta investigación de IUCCEG. México & Hinostroza Marcela investigadora de la Corporación Pro Imaga y autora del curso, Cómo escribir tu Libro.

# CAPÍTULO 2

## ASPECTOS FUNDAMENTALES DEL CURSO CÓMO ESCRIBIR UN LIBRO.

Investigación desarrollada por Lucero R. Sara E. Líder de esta investigación de IUCCEG. México & Hinostroza Marcela investigadora de la Corporación Pro Imaga y autora del curso, Cómo escribir tu Libro.

Investigación desarrollada por Lucero R. Sara E. Líder de esta investigación de IUCCEG. México & Hinostroza Marcela investigadora de la Corporación Pro Imaga y autora del curso, Cómo escribir tu Libro.

## 2.1. FASES MOTIVACIONALES.

En un inicio, se daban  5 Master Class; 3 Clases gratuitas para la escritura de, NO FICCIÓN y 2 clases gratuitas para la escritura de, FICCIÓN onforme se desarrolla el curso , surge la necesidad que existía en el público, de comunicar, escribir y transmitir lo que tenían dentro. Esto implicó asumir el reto de dar más información y un resumen final de ambas clases, en conjunto, como una reafirmación de lo aprendido. Constituimos de esta manera 8 Clases:

## 2.2. REORGANIZACIÓN DE CLASES.

**3 de FICCIÓN, 3 de NO FICCIÓN y 2 de RESUMEN DE AMBAS.** Donde las personas, además, podrían  hacer preguntas en vivo (virtual), interactuar y despejar sus dudas preguntando o exponiendo sus casos o temas.

Así también, se ayuda con los diseños de sus portadas, para que a través de las imágenes, evocaran los recuerdos necesarios, para que, de la misma manera fluyeran de forma natural y espontánea, los títulos y subtítulos de sus libros.

Investigación desarrollada por Lucero R. Sara E. Líder de esta investigación de IUCCEG. México & Hinostroza Marcela investigadora de la Corporación Pro Imaga y autora del curso, Cómo escribir tu Libro.

Esto, permitió identificar que gran parte de los que intervenían, tenían una necesidad inmediata de comunicar, de ser escuchados.

La expresión de emociones , sentimientos y pensamientos, muchas veces con urgencia, e inmediatamente después de terminada la clase, se hacía a través del mail, del WhatsApp, de llamadas telefónicas de personas de diversos países que tenían una característica común: *"Necesidad de contar una Historia"*

Con la promesa que durante esos ocho días, se estaría con las personas, guiándolas paso a paso, en las clases de preparación, ofrecimos un Work Book de trabajo, un libro interactivo (Hinostroza, M, 2021) que les serviría de apoyo fundamental para seguir las clases, como una guía estructurada, para ir del caos, en que podrían encontrase al no saber por dónde empezar, hasta el orden; que sería lo ideal al poder entender y saber cómo escribir su libro y publicarlo.

Es por esto, que dando seguimiento a todo, se estructuró la fórmula para poder dar estas Master Class como una preparación para los cursos de profesionalización, a realizar, para escribir Ficción o No Ficción. Esto, para todas aquellas personas que, después de las Master class gratuitas, quisieran seguir en cursos más amplios donde se haría el seguimiento y desarrollo de los conceptos. Seguimiento personal aún más preciso y confirmación de la publicación de su Libro.

Investigación desarrollada por Lucero R. Sara E. Líder de esta investigación de IUCCEG. México & Hinostroza Marcela investigadora de la Corporación Pro Imaga y autora del curso, Cómo escribir tu Libro.

# CAPÍTULO 3

# FASE DE MOTIVACIÓN E INDUCCIÓN.

Investigación desarrollada por Lucero R. Sara E. Líder de esta investigación de IUCCEG. México & Hinostroza Marcela investigadora de la Corporación Pro Imaga y autora del curso, Cómo escribir tu Libro.

Investigación desarrollada por Lucero R. Sara E. Líder de esta investigación de IUCCEG. México & Hinostroza Marcela investigadora de la Corporación Pro Imaga y autora del curso, Cómo escribir tu Libro.

*"Para mí, el mayor placer de la escritura no es el tema que se trate, sino la música que se hace con las palabras".*
*Truman Capote.*

**"¿C**ómo escribir tu Libro de Ficción o No Ficción? ¿Crees que esto es imposible? Pues déjame decirte que no, no es imposible. El Techo lo pones tú.

**¡M**ASTER CLASS GRATUITA!** Las oportunidades cuando se presentan deben ser tomadas antes que desaparezcan. ¿Sabías que el 83% de las personas quieren escribir un Libro? ¿Y que solo el 1% de las personas consigue escribir y publicar un libro? ¿Y mucho menor porcentaje lo convierte en Amazon Best Seller? Permíteme enseñarte a cómo hacerlo. Tú profesional, que quieres ser reconocido como una autoridad en tu carrera. Tú coaching  si quieres empoderarte en tu trabajo, ayudar masivamente a los demás, si quieres posicionar tu producto o infoproducto, si quieres monetizar, , si eres ese artista que quiere contar una historia, cuento novela poema, esta MASTER CLASS GRATUITA es lo que estabas buscando.

Investigación desarrollada por Lucero R. Sara E. Líder de esta investigación de IUCCEG. México & Hinostroza Marcela investigadora de la Corporación Pro Imaga y autora del curso, Cómo escribir tu Libro.

Aprende los pasos estratégicos, las técnicas y herramientas, creativas y narrativas, a través de mi nuevo método científico, comprobado, de la escritura, creativa, catártica de sanación, con acompañamiento integral, paso a paso, para escribir tu Libro.

Si tienes una historia, cuento, novela, biografía o hasta tu autobiografía, la podemos ficcionar y escribir tu libro. Aprende a dar vida a personajes inolvidables y entrañables.

Y a través del método de Redacción Vivencial, construye diálogos sencillos, creíbles y naturales. Permíteme compartir contigo tips y algunos pasos estratégicos para publicar tu libro en la biblioteca más grande del mundo de forma gratuita. Da el primer paso para poder empezar a escribir tu libro.

Nunca hay tiempo, pero hoy estás acá y no es por casualidad. Hoy tu tiempo llegó. Es hora de actuar. Descubre al Escritor que llevas dentro". (Hinostroza M, 2021).

La Motivación, pieza fundamental del curso para promover que las personas decidan actuar e iniciar el curso.

En un principio con las 8 clases gratuitas. Donde se explica la metodología para poder escribir un libro aún con pocos recursos o poca o nula experiencia narrativa, gracias a las técnicas y herramientas que la tecnología actual te brinda.

Investigación desarrollada por Lucero R. Sara E. Líder de esta investigación de IUCCEG. México & Hinostroza Marcela investigadora de la Corporación Pro Imaga y autora del curso, Cómo escribir tu Libro.

Después de brindar 8 clases gratuitas, durante 8 días seguidos, con un récord de 2 a 3 horas diarias, es decir aproximadamente 24 horas de clases gratis. Un grupo de las personas motivadas, decide tomar el curso y profesionalizar los conocimientos adquiridos, tomar al toro por los cuernos, dejar de fantasear y escribir su libro.

> *"Todo hombre en su vida debería poder; sembrar un árbol, tener un hijo y escribir un libro"*
> *José Martí*

Conforme el curso se va desarrollando , se les va dando las técnicas y herramientas narrativas y creativas, para que puedan escribir de una manera fácil, simple y fluida. El único requisito, es tener algo que contar, algo que narrar, algo que compartir.

> *"No hay peor agonía que llevar dentro de nosotros una historia que  no ha sido contada"*
> *Maya Angelou.*

Se les solicita su asistencia a las clases (aunque también se les deja las clases grabadas) y según el tema tratado ir escribiendo en el work book que previamente se les ha enviado de obsequio.

Sin limitarse, solo se les pide escribir y escribir. Con la mano izquierda, con la mano derecha, con los sentidos. Escribir con el olfato, con las vista, con el oído, con el gusto, con el tacto, con la piel.

Investigación desarrollada por Lucero R. Sara E. Líder de esta investigación de IUCCEG. México & Hinostroza Marcela investigadora de la Corporación Pro Imaga y autora del curso, Cómo escribir tu Libro.

Participar interactuar, dar opiniones. De manera, se diría mágica, la gran mayoría lo hace y empiezan a experimentar una transformación; se dan cuenta que saben más de lo que ellos mismos pensaban. Una extraña intuición se despierta. Todos tienen una historia que contar

*"No existe más que dos reglas para escribir: Tener algo que decir y decirlo"*

*Oscar Wilde.*

Los que ingresan al curso, la gran mayoría, incluidos los que escriben ficción, harán catarsis a través de su escritura. Y eso los hará, no solo empezar un proceso de sanación, sino que al revelar sus sentimientos, ya sea de forma real o ficcionada, podrán ser más auténticos en su escribir, más efectivos en su comunicación, cosa que el lector detecta y agradece con una fiel lectura de la obra presentada por el artista.

El sanar las heridas poco a poco, empodera a cada uno de los participantes y despierta el máximo potencial que ellos poseen y que quizá, no se habían dado cuenta que tenían. Ahora sí es el momento de actuar, el momento de descubrir al escritor que llevan dentro.

*"Un gran Poder, conlleva una gran responsabilidad"*

Investigación desarrollada por Lucero R. Sara E. Líder de esta investigación de IUCCEG. México & Hinostroza Marcela investigadora de la Corporación Pro Imaga y autora del curso, Cómo escribir tu Libro.

*Franklin D. Roosvelt.*

Cuando somos capaces de crear universos, personajes, historias, dar vida, quitarla, construir mundos completos a través de la escritura, es cuando se toma conciencia de que se tiene un **SUPER PODER**, es el momento en que se convierte en **SÚPER HÉROE** y que de verdad, se asume la responsabilidad de escribir ese gran libro anhelado. Porque cada libro que se escribe será ese gran libro. Porque cada Libro escrito se convierte en un hijo.

En el curso de: Cómo escribir tu Libro se enseña a despertar ese gran Súper Poder y se los mantiene motivados para que culminen ese primer objetivo que es: **Escribir un Libro.**

*"El poder escribir, es una forma de viajar más allá de nuestro mundo, visitar y ser parte de historias que, emanan de nuestra vida y nuestra imaginación"*
*Marcela Hinostroza*

"No existen sueños inalcanzables o imposibles, lo que sobran son excusas, no te preocupes y ocúpate.

¿Quieres ser Best Seller? Pues anda por ello.

El Amazon Best Seller, es un concurso para obtener el sello de libro más vendido en esa plataforma digital. ¿Crees que es difícil o

Investigación desarrollada por Lucero R. Sara E. Líder de esta investigación de IUCCEG. México & Hinostroza Marcela investigadora de la Corporación Pro Imaga y autora del curso, Cómo escribir tu Libro.

imposible? Pues mis alumnos que han lanzado sus libros y se han convertido en Best Seller lo pensaron en un inicio, hasta que lo lograron, pero sobre todo consiguieron escribir un buen libro que los ha hecho trascender con un legado de calidad . 'Descubre al Escritor que llevas dentro' Hola Amigos ¡FELICIDADES! Asiste a cada una de nuestras clases y revisa los PDF, QUE TE ENVIAMOS.

Si no pueden asistir a todas las clases en el horario, éstas, quedan grabadas, después pueden revisarlas. Míralas las veces que crean necesario.
Según el tema a tratar van escribiendo y apuntando en el work book. Encontrando preguntas según lo aprendido, responden y comienzan a crear, sé que tú puedes hacerlo". (Hinostroza M, 2021).

En las clases virtuales de profesionalización, a las personas que decidieron seguir el curso se les brinda, asesoramiento dos veces a la semana,  con clases que duran entre dos a tres horas durante 8 o 9 semanas (aproximado entre 48 a 54 horas), dependiendo el tipo de curso que tomen, de ficción o No Ficción .

Esta cantidad de horas de estudio, más el asesoramiento personal continuo y las 24 horas aproximada de las Master Class, dan una preparación formal al individuo para que pueda escribir y publicar su Libro.

Investigación desarrollada por Lucero R. Sara E. Líder de esta investigación de IUCCEG. México & Hinostroza Marcela investigadora de la Corporación Pro Imaga y autora del curso, Cómo escribir tu Libro.

"No te limites, escribe, escribe, escribe, descubre al escritor que llevas dentro. Participa, interactúa y pregunta en vivo. Si no puedes estar en las clases siempre puedes escribirme o llamarme durante las siguientes semanas estaremos, paso a paso analizando cada clase, asesorándote y despejando tus dudas". (Hinostroza M, 2022)

En el book, podrás encontrar la guía perfecta para ir, del caos, de no saber cómo empezar a escribir tu Libro, al orden para poder concretarlo. Portada, sinopsis, argumento, desarrollo de la historia y publicación de la obra. Según se vaya avanzando en el curso: ¿CÓMO ?

- Asistiendo a cada una de las clases y revisando los PDF de las mismas que se envían al término de cada clase.
- Imprimen los PDF, son libros de las clases, muy explicativos.
- Si no pueden asistir a todas las clases en el horario, todas quedan grabadas, después pueden revisarlas.
- Revisan las veces que creas necesario.
- Según el tema a tratar van escribiendo y apuntando en el work book.
- Encontrarán preguntas según lo aprendido, responden y comienza a crear, así van generando confianza y pueden hacerlo.

Investigación desarrollada por Lucero R. Sara E. Líder de esta investigación de IUCCEG. México & Hinostroza Marcela investigadora de la Corporación Pro Imaga y autora del curso, Cómo escribir tu Libro.

Actúan, escriben, escriben, escriben. Este es un curso que genera confianza en sí mismo, donde aprenden a escribir desde la autobiografía, autoayuda, académicos, cuentos, poemas, novelas y toda historia que quieras contar.

Inician una gran aventura y no paran hasta conseguir publicar tu libro, hasta conseguir dar a luz a ese maravilloso libro y convertirlo en Amazon Best Seller.

No dudan ni un minuto, porque comprenden que si están en el curso no es por casualidad. Es porque es el tiempo exacto, que la vida marca como ser humano y como profesional. Así que ya sabe", estas embarazado de este gran hijo, ponle fecha a su nacimiento. "Descubre al Escritor que llevas dentro". (Hinostroza M, 2021)

Investigación desarrollada por Lucero R. Sara E. Líder de esta investigación de IUCCEG. México & Hinostroza Marcela investigadora de la Corporación Pro Imaga y autora del curso, Cómo escribir tu Libro.

# CAPÍTULO 4

# FASE DE PREPARACIÓN AL PROCESO DE ESCRITURA

Investigación desarrollada por Lucero R. Sara E. Líder de esta investigación de IUCCEG. México & Hinostroza Marcela investigadora de la Corporación Pro Imaga y autora del curso, Cómo escribir tu Libro.

Investigación desarrollada por Lucero R. Sara E. Líder de esta investigación de IUCCEG. México & Hinostroza Marcela investigadora de la Corporación Pro Imaga y autora del curso, Cómo escribir tu Libro.

*"De los diversos instrumentos inventados por el hombre, el más asombroso es el libro, todos los demás son extensiones de su cuerpo… Solo el libro es una extensión de la imaginación y la memoria"*
*Jorge Luis Borges*

El método de Escritura catártica vivencial, con acompañamiento grupal, que se dicta en este curso, se puede decir que, inicia un proceso que puede cambiar  la vida .

"Todos los participantes han cambiado su vida en 180 grados. Los he visto llegar sin ánimo alguno, otros sin prender cámaras, otros casi mudos, sin querer opinar; para luego ser testigo de una transformación integral, donde aparecen los seres humanos, ricos, valiosos y valientes que llevan dentro".

Y esto lo logran por atreverse a auto descubrirse y compartir en el acompañamiento grupal y a través de la escritura de su historia.

Desde el punto de vista humano, artístico y también económico. La gente deja de procrastinar, "deja el miedo atrás y se lanza a la piscina de sus emociones para salpicar y dibujar con esas

Investigación desarrollada por Lucero R. Sara E. Líder de esta investigación de IUCCEG. México & Hinostroza Marcela investigadora de la Corporación Pro Imaga y autora del curso, Cómo escribir tu Libro.

gotas de osadía y fe, sus historias en esa hoja en blanco, que se transformará en su Libro". (Hinostroza M, 2022).

## 4.1. INTERVENCIÓN PSICOEDUCATIVA Y CARACTERIZACIÓN DEL GRUPO.

La escritura catártica como parte del proceso de sanación, psicoeducativa, desde la inteligencia emocional, logra su cometido a través de la redacción espontánea.

La Experiencia de cursar el aprendizaje de "Cómo escribir un libro", marca la escritura libre y catártica en el participante, lo cual lo lleva a reflexionar a posteriori sobre lo escrito, revisar y si es necesario reescribir.

En este punto el individuo entiende ya su compromiso con él mismo y además es apoyado con la reflexión y validación del acompañamiento grupal de los compañeros de estudio.

## 4.2. PRESENTACIÓN DE OBJETIVOS, DE HERRAMIENTAS Y ESTRATEGIAS PRÁCTICAS PARA INICIAR CON LA ESCRITURA.

Investigación desarrollada por Lucero R. Sara E. Líder de esta investigación de IUCCEG. México & Hinostroza Marcela investigadora de la Corporación Pro Imaga y autora del curso, Cómo escribir tu Libro.

Como el título del presente libro lo dice, La Escritura es una herramienta en el desarrollo Socio Emocional.

El objetivo del curso es escribir un libro a través de la escritura catártica y convertirlo en Amazon Best Seller contando con el acompañamiento grupal de los estudiantes del grupo que integra el individuo y  de otros grupos que anteriormente han sido formados con la misma temática y que ya saben que  el ayudar a conseguir el objetivo del otro es ayudarse a sí mismo.

Aún con la mínima capacidad  en la escritura, se orienta en dicha práctica, a los que son menos dotados en el arte de escribir, de la tecnología, como el escritor fantasma o el Windows H. Ambas herramientas útiles para poder escribir o transcribir grabaciones que podamos hacer  acerca del tema de interés del participante o de los capítulos del propio libro.

Esto, se le puede dar o al escritor fantasma para que lo redacte, cual secretario o a través del Windows H; que es una herramienta de Word y permite que un micrófono se active en la computadora y transcriba cualquier grabación que se utilice en ese momento, con corrección ortográfica incluida.

Investigación desarrollada por Lucero R. Sara E. Líder de esta investigación de IUCCEG. México & Hinostroza Marcela investigadora de la Corporación Pro Imaga y autora del curso, Cómo escribir tu Libro.

La forma o estrategia, para poder crear y organizar la historia que se quiere contar, se hace a través de sencillas preguntas: Qué , Quién, Cómo, Dónde, Cuándo, Para  qué, Por qué, Con quién etc.

Preguntas, en base en el interés a investigar, es decir aplicadas y respondidas acordes a las propias ideas o conceptos para poder empezar a armar el rompecabezas de la propia narrativa, a través de los primero capítulos.

Investigación desarrollada por Lucero R. Sara E. Líder de esta investigación de IUCCEG. México & Hinostroza Marcela investigadora de la Corporación Pro Imaga y autora del curso, Cómo escribir tu Libro.

# CAPÍTULO 5

# FASE DE PRODUCCIÓN ESCRITA.

Investigación desarrollada por Lucero R. Sara E. Líder de esta investigación de IUCCEG. México & Hinostroza Marcela investigadora de la Corporación Pro Imaga y autora del curso, Cómo escribir tu Libro.

Investigación desarrollada por Lucero R. Sara E. Líder de esta investigación de IUCCEG. México & Hinostroza Marcela investigadora de la Corporación Pro Imaga y autora del curso, Cómo escribir tu Libro.

*"Deseo poder escribir algo tan misterioso como un gato".*
*Edgar Allan Poe*

# EL SEGUIMIENTO Y ACOMPAÑAMIENTO.

En el curso de 8 o 9 semanas se entrega un work book de trabajo, aún más completo que el de las Master Class, donde se da el 30% del curso; como preparación a los que siguen a las clases de profesionalización.

Este mismo Work book o libro interactivo, viene con preguntas para que la persona se cuestione en cada clase, aplique lo aprendido e interactúe

Investigación desarrollada por Lucero R. Sara E. Líder de esta investigación de IUCCEG. México & Hinostroza Marcela investigadora de la Corporación Pro Imaga y autora del curso, Cómo escribir tu Libro.

## 5.2. "¿CÓMO SACARLE EL MÁXIMO PROVECHO A LAS CLASES DE FICCIÓN Y NO FICCIÓN Y A TU WORK BOOK?

Este libro, está diseñado para ser tu compañero del orden. Lo imprimen y no se despegan de él en clases. Escriben en él, anotan y junto con las clases grabadas que se entregan y los PDF de las mismas, contestan las preguntas, para que ellos mismo vayas creando, gestando y alumbrando tu Libro." *Recuerda que es un libro para ordenarte, por lo tanto no trates de adelantarte, todo tiene un proceso".* (Hinostroza, M. 2022)

## 5.3. ¿A QUIÉN ESTA DIRIGIDO?

A todas aquellas personas, que tienen algo que contar. La Motivación, es fundamental y se mantiene durante todo el curso, con la estimulación del participante para que no pierda el objetivo.

Se impulsa constantemente a cuestionarse sobre sus objetivos, sobre lo que van logrando, sobre lo que van dejando en claro, lo que van experimentando sobre lo que escriben.

Investigación desarrollada por Lucero R. Sara E. Líder de esta investigación de IUCCEG. México & Hinostroza Marcela investigadora de la Corporación Pro Imaga y autora del curso, Cómo escribir tu Libro.

## 5.4. HABILIDADES: ¿QUÉ NECESITO?

1. El Mind Setting = Motivación de acción. Persistencia, disciplina, hasta terminar tu Libro.

2. Tema, Idea o Impulso. "Descubre al Escritor que llevas dentro".

3. Aunque se puede empezar escribiendo a mano, que es lo recomendable, o en un celular.

   Definitivamente para el momento en que se sube el libro a la plataforma de Amazon se requiere de una computadora que tenga Word, que es el archivo donde se va a trabajar la redacción y el formato del libro.

4. Hojas Bond, lapiceros, resaltadores, posits de colores..

5. Creatividad, encontrarás diferentes herramientas y técnicas básicas para desarrollar la creatividad, tanto para escribir, ficción, como no ficción. Para que puedas encontrar la voz interior que te guíe, en eso que quieres contar para desarrollar tu máximo potencial.

## 5.5. RETO: PARA UNO MISMO.

- Vencer la Procrastinación.

- Vencer el ¿Temor al fracaso? o ¿Temor al éxito?

- Motivación e Inducción

Investigación desarrollada por Lucero R. Sara E. Líder de esta investigación de IUCCEG. México & Hinostroza Marcela investigadora de la Corporación Pro Imaga y autora del curso, Cómo escribir tu Libro.

- Escritura catártica o terapéutica, como preparación para la creación de las Obras.

- Proceso creativo, con apoyo psicológico, cognitivo, emocional en especial en el caso de las autobiografías con el debido seguimiento de la  especialista; Dra. PhD Sara Lucero Revelo.

- Escribir, Editar y Publicar tu libro, según la modalidad elegida.

- Libros de Coaching, info productos, académicos, tesis, novela corta, cuento, novela larga, biografía, autobiografía. El libro que quieran escribir.

- Descubrir el tema o trama, disparadores y motivadores de idea.

- Aprender y perfeccionar método de creatividad y escritura paso a paso y conecta con tu ser interior.

- Escribe a través de la escritura catártica vivencial. Edita y formatea tu libro.

*"Publícalo y posiciónalo como Amazon Best Seller digital y luego ponle el sello al Best Seller Tapa Blanda y Tapa Dura".*

### 5.6. BONOS.

Investigación desarrollada por Lucero R. Sara E. Líder de esta investigación de IUCCEG. México & Hinostroza Marcela investigadora de la Corporación Pro Imaga y autora del curso, Cómo escribir tu Libro.

- **A**yuda para subir tu Libro digital a Amazon, asesoramiento compartiendo pantalla.

- Realización de Flyers, video, entrevistas, para que te promociones.

- Entrevistas gratuitas en un canal de cable internacional.

- Información para subir tu libro tapa blanda y luego lo puedas transformar en tapa dura, con el sello de Best Seller y subirlo en Amazon.

- Y esto, como bono es lo mejor; también se orienta como multiplicar tus posibilidades de venta, creando tu libro inteligente, físico y digital, interactivo, ya con el sello de Amazon Best Seller como publicidad.

- Y el Audio libro para producir la multiplicación de venta .

- Se enseña algunas estrategias de marketing para usar en Facebook, el meta bussiness a tu favor.

## 5.7    CONFIGURACIÓN MENTAL.

*"Te doy las gracias por permitirme acompañarte en este descubrimiento que estoy segura sobrepasará tus expectativas. El cielo no es el límite. DECISIÓN, ACCIÓN".*

Investigación desarrollada por Lucero R. Sara E. Líder de esta investigación de IUCCEG. México & Hinostroza Marcela investigadora de la Corporación Pro Imaga y autora del curso, Cómo escribir tu Libro.

*"El poder escribir es una forma de viajar más allá de nuestro mundo, visitar y ser parte de historias que emanan de nuestra vida y nuestra imaginación".*
*Marcela Hinostroza.*

Inicialmente se invita al interesado a hacer un ejercicio de introspección, de sinceridad con él o ella misma (o). En el cual buscará descubrir la razón, el por qué quiere escribir un Libro. Las siguientes preguntas ayudan con este fin.

## 5.8.EJERCICIO DE AUTO CONOCIMIENTO.

**1.-** ¿Por qué deseas escribir tu Libro? ¿Qué tienes que contar?

**2.-** ¿Por qué deseas publicar tu Libro y hacerlo Best Seller? Sincérate

**3.-** ¿Te apasiona lo que vas a narrar

4.- ¿Le das valor a tus futuros lectores con la narrativa de tu libro? SI - NO

**5.-**Enumera, motivos por los cuales tu lector compraría tu libro. Bondades de tu Libro.

**6.-** ¿Por qué te registraste en este Taller y no en otro? O si lo hiciste que de diferente tienen estas clases. Mejor o Peor.

Investigación desarrollada por Lucero R. Sara E. Líder de esta investigación de IUCCEG. México & Hinostroza Marcela investigadora de la Corporación Pro Imaga y autora del curso, Cómo escribir tu Libro.

Ya que, el individuo entiende el por qué y que además con su libro impactará al mundo, dejará un legado y se convertirá a través de su escritura, de alguna forma, en inmortal, lo ayudamos a vencer su reto.

- **RETO.**

  Vencer la Procrastinación y el temor o miedo. Ten la seguridad que aquí no te vamos a dejar, hasta que publiques tu Libro.

En el work book anota su compromiso, con él mismo. **ANOTA FECHA DE LANZAMIENTO DE TU LIBRO.**

Ya comprometido, empezamos con los ejercicios previos de creatividad. Estos ejercicios y tips los damos en la clase, en vivo, en zoom y el autor comienza a escribirlos en el workbook para reafirmarlos.

## 5.9. ¿CÓMO COMENZAR A ESCRIBIR TU LIBRO?

*Una historia funciona cuando contiene Bombas de tiempo dispuestas a estallar en la próxima página. Gordon R, Dickson*

- **EJERCICIOS O TÉCNICAS PREVIAS:**

Investigación desarrollada por Lucero R. Sara E. Líder de esta investigación de IUCCEG. México & Hinostroza Marcela investigadora de la Corporación Pro Imaga y autora del curso, Cómo escribir tu Libro.

¿Qué ejercicios o técnicas son necesarias para despertar la creatividad? Menciona tres que te comprometas a realizar.

- Por ejemplo; escribir con los sentidos, escribe con el olfato, con el gusto, con el oído, con la piel. No solo la vista. Aprender a escribir con los sentidos te sensibiliza al extremo y puedes redactar de forma muy descriptiva, real, las escenas en tu libro.

- Compartir con personas que tengan los mismos intereses literarios. Por lo que los chats creados en estos cursos desde la Master Class, se mantienen abiertos para que las personas que se congregaron con el interés de escribir un libro se mantengan. Por su puesto, los que solo querían curiosear se irán retirando y quedarán los que realmente tengan el interés de crear su obra.

- Escribir en tu lugar, de forma disciplinada. Donde sea que sea tu lugar, tu soledad, para concentrarte, sin tv, radio, celular. Ese tiempo es solo tuyo y de tu obra. Total dedicación, ya sean 5 minutos o las horas que le dediques al escribir.

- Recuerda que, solo necesitas tener una historia, algo que contar

- La tecnología, ahora se ocupa de poder hacer escribir al que antes no podía, por eso está el Windows H y el famoso

Investigación desarrollada por Lucero R. Sara E. Líder de esta investigación de IUCCEG. México & Hinostroza Marcela investigadora de la Corporación Pro Imaga y autora del curso, Cómo escribir tu Libro.

escritor fantasma que puede corregir tus escritos y volverte un profesional en la redacción.

Luego de presentarles en clase, un sinnúmero de técnicas para poder desarrollar la creatividad, se pide contestar el work book de trabajo.

Investigación desarrollada por Lucero R. Sara E. Líder de esta investigación de IUCCEG. México & Hinostroza Marcela investigadora de la Corporación Pro Imaga y autora del curso, Cómo escribir tu Libro.

**1.-** ¿Cuál de los ejercicios o técnicas creativas te ha impactado más y cuál es la que crees debes utilizar sí o sí? Explica cómo lo harías

**2.-** ¿Quiénes pueden escribir?'

**3.-** ¿Por qué cualquiera puede escribir un Libro?

**4.-** ¿Menciona dos formas en que la tecnología te ayuda a escribir tu Libro?

**5.-** ¿En qué plataforma puedes corregir, la ortografía, comas, comprensión lectora de tu Libro? Gratuitamente

Después de escribir tu Libro, recuerda que para revisar y corregir ortografía y gramática puedes usar al escritor Fantasma. ¿Ya sabes cuál vas a usar?

*"Descubre al Escritor que llevas dentro"*

*Marcela Hinostroza*

Investigación desarrollada por Lucero R. Sara E. Líder de esta investigación de IUCCEG. México & Hinostroza Marcela investigadora de la Corporación Pro Imaga y autora del curso, Cómo escribir tu Libro.

La meta, antes de empezar a escribir el libro es descubrir el tipo de escritor que es el individuo. Es necesario saber, para ese proyecto y cada proyecto, qué tipo de escritor pretende ser.

¿Qué tema le emociona?, ¿qué quiere escribir?, ¿hacia dónde se dirige?, ¿qué quiere compartir?. Al descubrir todo eso, encuentra en ese lugar su nicho, su target, su zona de influencia.

Puede ser:

- El Académico, profesional que quiere compartir sus conocimientos y ser reconocido o relanzar su carrera

- El Coach, puede ser también un profesional que quiere además de compartir sus conocimientos ayudar, brindar sus conocimientos

- El Artista, es el escritor más sensible que quiere escribir, cuentos, poemas, novelas, tiene un mundo rico que compartir, lleno de imaginación y pasión.

- El que quiere Monetizar. Todos los anteriores también quieren monetizar. Pero este tipo de escritor es distinto.

- Actualmente hay un tipo de copiador, más que escritor, que se dedica a publicar libros cortos en cantidad, con dibujos, cuentos de pocas páginas para colorear, pupiletras o crucigramas, etc..

Investigación desarrollada por Lucero R. Sara E. Líder de esta investigación de IUCCEG. México & Hinostroza Marcela investigadora de la Corporación Pro Imaga y autora del curso, Cómo escribir tu Libro.

1.- ¿Qué tipo de Escritor eres tú? Enumera 3 beneficios que tiene ser el tipo de escritor que eres. No podemos ir a ningún lado si no somos sinceros con nosotros mismos.

¿Por qué debo descubrir el tipo de escritor que soy?

2.- ¿Puedo ser varios escritores?? En este caso el de Ficción, o No Ficción. Qué vas a narrar. Cuento, Novela, Relato, Biografía o Autobiografía ficcionada. Libros académicos, tesis, autoayuda.

3.- El tema que voy a tocar en el libro, ¿Me da valor? ¿Por qué?

4.- ¿Le da valor a los demás? ¿Por qué?

5.- ¿Puedo decir entonces que es mi ZONA DE INFLUENCIA?

6.- ¿Cuál es el primer paso para poder definir qué historia voy a escribir? Anota

7.- Anota tres frases o ideas que tengas sobre el tema a escribir.

## 5.10. CREACIÓN DE LA HISTORIA:

- **C**ondensa tu historia en una, dos o tres Frases.

- ¿Utiliza la frase, para crear una Sinopsis de un cuarto o media página.

- Utiliza la sinopsis, para crear un argumento de dos a cuatro páginas.

- Listo, ahora busca el título con palabras poderosas de tu búsqueda creativa personal.

Investigación desarrollada por Lucero R. Sara E. Líder de esta investigación de IUCCEG. México & Hinostroza Marcela investigadora de la Corporación Pro Imaga y autora del curso, Cómo escribir tu Libro.

- Saca el subtítulo de tu búsqueda creativa personal.

- Usa los sinónimos, metáforas, analogías.

- Las palabras Claves usadas para crear un Título y Subtítulo ganador.

- Uso de la Big Data y Algoritmo de la web.

Recuerda que, en la Sinopsis no debe faltar el protagonista. El inicio impactante.

En el argumento, recuerda al antagonista y los personajes paralelos.

Espacio y tiempo. (2 a 4 páginas aprox.)

¿Con toda la información que tienes, ya puedes elegir el título de tu Libro?

Anota, tres posibles títulos que escribirías

1

2

3

Anota, tres posibles subtítulos que escribirías

1

2

3

Investigación desarrollada por Lucero R. Sara E. Líder de esta investigación de IUCCEG. México & Hinostroza Marcela investigadora de la Corporación Pro Imago y autora del curso, Cómo escribir tu Libro.

Con estos posibles títulos y subtítulos, ya tienes información para buscar tus palabras claves en Google y Amazon.

Recuerda, usar para la selección del TÍTULO y SUBTÍTULO GANADOR: El buscador de GOOGLE según lo visto en clases. Y selecciona los que más resultados de búsqueda tengan, los que son tendencia, millones y billones. Mientras más resultados de búsqueda en las palabras, mejor. Pero que también esté acorde a lo que tú quieres transmitir.

> **ANOTA.**

- El Título Ganador. Recuerda el tamaño del título es el más grande.

- El Subtítulo Ganador. Recuerda es más pequeño que el título y que el nombre del autor.

- El nombre del autor. TÚ NOMBRE. Recuerda es más pequeño que el título, pero más grande que el subtítulo.

Con la información que se ha conseguido sobre el libro que vas a escribir, ya tienes el posible título y subtítulo y muchas imágenes en la mente. En base a ello diseña tu portada.

## 5.11. LA PORTADA.

Investigación desarrollada por Lucero R. Sara E. Líder de esta investigación de IUCCEG. México & Hinostroza Marcela investigadora de la Corporación Pro Imaga y autora del curso, Cómo escribir tu Libro.

"La Portada del libro es la puerta, lo primero que verá la persona que quiera adquirir el libro. Pero además, es la imagen, las letras, la composición, un todo de lo que quiere decir el escritor con respecto a su Libro.

Es muy importante, trabajar en la portada las veces que sea necesario. Muchas veces, el escritor, escribe el libro a través de la portada. Dándose casos de estudiantes, que han realizado hasta 70 portadas, con diferentes imágenes, colores, títulos y subtítulos, hasta que llegan a la portada que realmente desean.

Muchos de los escritores, que escriben a través de las portadas, terminan de escribir su libro casi al mismo tiempo.

La portada, sirve de apoyo para crear, para empujar al escritor a no procrastinar, para saber que tienes un libro por venir, cada vez que veas la portada puesta en tu velador, en tu cuarto, en cualquier lugar visible, pensarás en el Libro.

Por eso, es tan necesario en este curso hacer la portada inmediatamente tengas el título y subtítulo. Aunque, más adelante varíen, no importa. "Recuerda la mente escanea, utiliza letras legibles, imagen clara, combinación impactante". (Hinostroza, M. 2022).

Investigación desarrollada por Lucero R. Sara E. Líder de esta investigación de IUCCEG. México & Hinostroza Marcela investigadora de la Corporación Pro Imaga y autora del curso, Cómo escribir tu Libro.

### 5.11.1. ¿CÓMO DISEÑAR LA PORTADA DE MI LIBRO?:

Amazon, tiene diferentes tamaños o medidas para las portadas y manuscritos. La portada para el libro digital que vamos a producir, para la competencia del Amazon Best Seller, debe ser presentada en:

- Archivo JPG.
- Con medidas de 2,560 pixeles x 1600 pixeles.
- La imagen que presentes debe tener una buena resolución 300 pixeles por pulgada.
- Y la tipografía del título, subtítulo  y nombre lo ideal es que sea variada, para darle movimiento a la portada.
- Con un pesos no mayor a 50 Mb.
- No olvidar que el color debe configurarse en RGB

**1.-**   ¿Por qué tienes que diseñar tu Portada antes de seguir escribiendo? ¿Por qué debe ir primero?

**2.-** ¿Quién debe ir en la Portada? ¿Por qué?

**3.-** ¿Cómo debe ser la foto de tu Portada? De alta resolución o baja resolución, ¿Por qué?

4.- ¿La tipografía o letra de tu Portada, cómo debe ser. Todas del mismo tamaño y diseño?

Investigación desarrollada por Lucero R. Sara E. Líder de esta investigación de IUCCEG. México & Hinostroza Marcela investigadora de la Corporación Pro Imaga y autora del curso, Cómo escribir tu Libro.

**5.-** ¿Qué tamaño debe tener tu portada para ser configurada para Amazon kdp?

**6.-** ¿Qué formato debe tener tu Portada? JPG o Word

**7.-** ¿Qué dimensiones debe tener tu Portada? En pixeles

**8.-** ¿Qué Resolución por pulgada debe tener tu Portada? En pixeles.

**9.-** ¿Qué Tamaño o peso debe tener tu Portada?

Investigación desarrollada por Lucero R. Sara E. Líder de esta investigación de IUCCEG. México & Hinostroza Marcela investigadora de la Corporación Pro Imaga y autora del curso, Cómo escribir tu Libro.

### 5.11.2. ¿CÓMO DISEÑAR EL MANUSCRITO DE MI LIBRO?:

Para poder escribir el libro, se requiere hacerlo en el formato de Word y empezar a formatear las hojas antes de escribir. Esto, con el fin de ver que el tamaño de las páginas cambia y sintamos que estamos escribiendo en un libro. Hay que respetar estos valores, sin perder el estilo de formateo que además quieras darle a tu manuscrito. No olvidar, que utilizamos estas medidas exactas, porque es la medida ya posicionada en Amazon por otros libros Amazon Best Seller.

### 5.11.3. FORMATEO.

Para formatear la hoja de Word tener en cuenta:

- Escribir en Word.doc. o Docx.
- La medida de la hoja se tiene que hacer de forma manual, escribir 15.24 x 22.86 cm.
- Donde la medida decimé trica no se use, serían:
  6 x 9 pulgadas
- El tipo de letra debe ser, Garamond.
- El tamaño de letra 12

Investigación desarrollada por Lucero R. Sara E. Líder de esta investigación de IUCCEG. México & Hinostroza Marcela investigadora de la Corporación Pro Imaga y autora del curso, Cómo escribir tu Libro.

**1.-** ¿En qué archivo debes escribir y configurar los escritos de tu libro?

**2.-** ¿Qué medida debe tener la página que vas a formatear O para los escritos de tu libro? En pulgadas y en centímetros.

**3.-** ¿Qué tipo de letra y tamaño debe tener tu libro o manuscrito

**4.-** ¿Por qué vas a elegir ese formato y no otro?

Investigación desarrollada por Lucero R. Sara E. Líder de esta investigación de IUCCEG. México & Hinostroza Marcela investigadora de la Corporación Pro Imaga y autora del curso, Cómo escribir tu Libro.

"*Diseña en este cuadro tu portada, así sea a mano. ¡Hazlo ya!, deja de procrastinar. Permite que tu portada te empuje a lograr tus sueños y embarázate de tu libro*". (Hinostroza, M. 2022)

Investigación desarrollada por Lucero R. Sara E. Líder de esta investigación de IUCCEG. México & Hinostroza Marcela investigadora de la Corporación Pro Imaga y autora del curso, Cómo escribir tu Libro.

En el formateo del libro tenemos que tener claro entonces que vamos a usar dos archivos:

- El de JPG, PAR LA Portada
- El de Word , para el Manuscrito

Y son los dos archivos que subiremos a Amazon para publicar nuestro Libro.

## 5.12. CURSO DE FICCIÓN.

Dentro de los cursos, se dan también el de Ficción. Una información completa para todos aquellos artistas que quieren escribir sus historias ficcionadas: Cuentos, Novelas, Poemas, Canciones.

- Aprenden a escribir su cuento, novela, a dibujar sus historias con las letras y llenar esas páginas en blanco.
- Aprenden a escribir su autobiografía y/o biografía y ficcionarla.
- Técnicas y herramientas creativas y narrativas para descubrir al escritor, artista, que llevan dentro.
- Aprenden, a usar al máximo su imaginación, con el sistema de acompañamiento, paso a paso.
  - •Trabajo en equipo, escritura catártica y/o terapéutica, con el fin de lograr la creación de tus escritos.

Investigación desarrollada por Lucero R. Sara E. Líder de esta investigación de IUCCEG. México & Hinostroza Marcela investigadora de la Corporación Pro Imaga y autora del curso, Cómo escribir tu Libro.

•Aprenden a dialogar, a ficcionar, a través del método de la  Redacción vivencial para escritores y así poder crear personajes e historias memorables e inolvidables.

*"Ya es hora, la oportunidad nos visita, no la dejes pasar sin tomarla"*
*Marcela Hinostroza.*

Investigación desarrollada por Lucero R. Sara E. Líder de esta investigación de IUCCEG. México & Hinostroza Marcela investigadora de la Corporación Pro Imaga y autora del curso, Cómo escribir tu Libro.

# CAPÍTULO 6

# ESTRUCTURA TU LIBRO

Investigación desarrollada por Lucero R. Sara E. Líder de esta investigación de IUCCEG. México & Hinostroza Marcela investigadora de la Corporación Pro Imaga y autora del curso, Cómo escribir tu Libro.

Investigación desarrollada por Lucero R. Sara E. Líder de esta investigación de IUCCEG. México & Hinostroza Marcela investigadora de la Corporación Pro Imaga y autora del curso, Cómo escribir tu Libro.

## 6.1. DE LO GENERAL O CAÓTICO, AL ORDEN DE LAS PREGUNTAS ¿CÓMO ESCRIBIR FICCIÓN?

Para poder comenzar a ordenarnos, hay que separar las piezas del rompecabezas. Ya tenemos la idea que nos lleva a redactar nuestra sinopsis. Esa sinopsis lleva a hacer un argumento y ese argumento ya nos da la pauta para saber de qué va a tratar nuestra historia. Cuántos capítulos aproximadamente tendrá y de ahí, para ampliar el argumento podemos usar las preguntas claves: ¿QUIÉN? ¿QUÉ? ¿POR QUÉ? ¿PARA QUÉ? ¿CÓMO? ¿CUÁNDO? DÓNDE? . Ponemos una idea central que sea el eje y hacemos preguntas sobre el tema a tratar, apoyándonos en la preguntas claves: Ejemplo.

**Tema: El maltrato de un hombre a su pareja.**

**Preguntas:** ¿Quién es el hombre?, ¿quién es la mujer?, ¿cómo se conocieron?, ¿dónde se conocieron?, ¿qué edad tenían cuando se conocieron?, ¿qué edad tienen actualmente?, ¿cuándo se enamoraron?, ¿tienen hijos, cuantos?, ¿él la golpea o la maltrata verbalmente?, ¿la familia de ella sabe?, ¿la familia de él sabe? ¿él tiene amantes?, ¿él tiene vicios?, ¿ella se defiende o es sumisa?

Investigación desarrollada por Lucero R. Sara E. Líder de esta investigación de IUCCEG. México & Hinostroza Marcela investigadora de la Corporación Pro Imaga y autora del curso, Cómo escribir tu Libro.

Y así, se pueden hacer muchas preguntas y se va ampliando el tema. Después, se ordenan en grupos similares las preguntas que son para él y las preguntas que son para ella.

Y, de esta forma, se pueden ir haciendo preguntas para cada tema de cada capítulo, según el orden que vamos creando. Recuerda, que, las disposiciones de los capítulos pueden cambiar.

Si te cuesta escribir en esta primera parte, como lo hemos dicho, la tecnología nos permite utilizar la grabadora y así podemos, primero narrar lo que queremos escribir, y luego pasarlo a nuestro Word. Ya sea utilizando el Windows H, o la transcripción del escritor fantasma. De esta manera, se puede usar la grabadora para estructurar los capítulos de nuestra historia.

**1.-** ¿Cuántos capítulos va a tener mi Libro?

**2.-** ¿Qué método voy a usar para poder estructurarlos?

**3.-** ¿Qué preguntas harías respecto a tu temática, idea, historia que quieres contar?

**4.-** ¿Cuántas preguntas vas a hacer para poder estructurar cada capítulo?

Este sistema sirve tanto para cuentos cortos o largos y novelas cortas.

Investigación desarrollada por Lucero R. Sara E. Líder de esta investigación de IUCCEG. México & Hinostroza Marcela investigadora de la Corporación Pro Imaga y autora del curso, Cómo escribir tu Libro.

Para una Novela larga, de 120 páginas a más, donde se usan historias paralelas y se manejan más personajes con sus respectivas historias, lo que debemos utilizar es  la famosa Escaleta.

## 6.2. LA ESCALETA.

La famosa escaleta, viene a ser como el mapa de nuestra historia. El esqueleto de la trama, donde se cuenta la verdad de lo que se está tratando de plasmar en nuestro libro.

Es donde se hace el vaciado de escena por escena, de lo que ocurrirá en cada capítulo. Una redacción más completa, donde se desborda todo lo investigado.

Y así, se puede dar cuenta qué funciona y qué no. Si el orden de los capítulos es el adecuado o no, si los personajes funcionan o no, si la kryptonita del protagonista y el antagonista, es potente o no.

Se detallan dos tipos de escaleta para un libro. La escaleta literaria y la escaleta técnica.

### 6.2.1. ESCALETA LITERARIA.

Se desborda toda la narrativa y busca el objetivo de cada capítulo.  Un resumen de lo que sucederá. Puede ser enumerando las escenas, que componen el capítulo, si lo quieren hacer más competo y quiénes participan en el mismo.

### 6.2.2. ESCALETA TÉCNICA.

Muchos se saltan este paso, y lo unen a la escaleta literaria.

Creo que mientras más larga sea una novela, el uso de la escaleta técnica es imprescindible, para no perdernos en el orden y la continuidad.

La escaleta técnica contiene, los espacio tiempos, accesorios, fichas de personajes con sus vestuario, edades, formas de hablar. Y según el orden o perfeccionamiento del escritor, lo puede aplicar a cada escena de cada capítulo.

El uso de la escaleta, proporciona al escritor la facilidad de poder iniciar en cualquier parte de la novela, en cualquier capítulo, es decir, no siempre vamos a estar interesados en escribir en orden desde el capítulo 1. O, de repente, nos surgió algo climático para la parte del desarrollo de un capítulo y podemos de esa manera estar ordenados y escribir sin preocuparnos de perdernos en la narrativa y siempre siguiendo un orden de continuidad.

Investigación desarrollada por Lucero R. Sara E. Líder de esta investigación de IUCCEG. México & Hinostroza Marcela investigadora de la Corporación Pro Imaga y autora del curso, Cómo escribir tu Libro.

*"Ojo, tener en cuenta que cualquier nueva idea que se nos ocurra y escribamos en el manuscrito hay que actualizar la escaleta para mantener el orden de la continuidad".*

## 6.3.    ¿CÓMO HAGO MI ESCALETA?

Hay muchas formas para poder hacer el vaciado de la información de la parte investigativa y hacer la escaleta.

En las siguientes páginas, veremos un par de escaletas, literarias y técnicas. La posibilidad de fusionar todo en una sola escaleta, depende de la muñeca o experiencia del escritor. En este caso a los que empiezan a escribir  y aun así quieren escribir ficción, se les recomienda iniciar con un autobiografía ficcionada, un cuento largo, varias narraciones o relatos cortos o una  novela corta.

Investigación desarrollada por Lucero R. Sara E. Líder de esta investigación de IUCCEG. México & Hinostroza Marcela investigadora de la Corporación Pro Imaga y autora del curso, Cómo escribir tu Libro.

| #Cap | Nombre del Capítulo | Escena | Descripción | Personajes |
|---|---|---|---|---|
| 1 | El Virus | 1 | Mariel Bravo y Mario En la oficina de Jaime se enfrentan a Michel por la exclusiva del Virus | Mariel Bravo, Mario, Michel, Jaime |
| 1 | El Virus | 2 | Mariel y Mario tramando como conseguir la entrevista exclusiva con … | Mariel, Mario |

Hinostroza, Marcela. (2021) *El Virus Espartano, Creación de una Nueva Especie.* pág. 29-34.

Investigación desarrollada por Lucero R. Sara E. Líder de esta investigación de IUCCEG. México & Hinostroza Marcela investigadora de la Corporación Pro Imaga y autora del curso, Cómo escribir tu Libro.

## 6.3.1. ¿CÓMO ES MI PROTAGONISTA PRINCIPAL? CARACTERÍSTICAS, SEXO, COMO SE VISTE, EDAD, OBJETIVO, KRYPTONITA.

Las fichas de información para el protagonista y para el antagonista son muy necesarias para poder conocer de mejor manera a nuestro personaje que llevará toda la historia.

Saber cuál es el objetivo del protagonista, qué lo motiva, qué lo mueve y qué lo fulmina. ¿Cuál es su kryptonita?, ¿de qué pie cojea?, ¿qué lo podría hacer cambiar?, ¿qué lo podría, quizá, convertir en un antihéroe o villano?

Investigación desarrollada por Lucero R. Sara E. Líder de esta investigación de IUCCEG. México & Hinostroza Marcela investigadora de la Corporación Pro Imaga y autora del curso, Cómo escribir tu Libro.

## 6.3.2.  FICHA PROTAGONISTA:

| Protagonista | Objetivo | Moral ética | Kriptonita | Edad | Moda |
|---|---|---|---|---|---|
|  |  |  |  |  |  |
|  |  |  |  |  |  |

De la misma manera, podemos hacer fichas para las personas que rodean al protagonista; amigos, parejas familia.

## 6.3.3.  FICHA ANTAGONISTA:

| Antagonista | Objetivo | Moral ética | Kriptonita | Edad | Moda |
|---|---|---|---|---|---|
|  |  |  |  |  |  |
|  |  |  |  |  |  |

De la misma manera, podemos hacer fichas para las personas que rodean al antagonista; amigos, parejas familia.

Investigación desarrollada por Lucero R. Sara E. Líder de esta investigación de IUCCEG. México & Hinostroza Marcela investigadora de la Corporación Pro Imaga y autora del curso, Cómo escribir tu Libro.

## 6.4.    LA VOZ NARRATIVA.

En ficción, cuando ya estamos vaciando nuestra información en la escaleta, ya podemos estar más seguros de qué voz narrativa usaremos y saber quién va a narrar nuestra historia y ojo no es el autor quien narra la historia, sino un personaje, el que tú elijas.

Puede ser desde el punto de vista de la Primera persona; Protagonista o Testigo. O de la Tercera persona; Omnisciente o Equisciente/Testigo.

### 6.4.1.  PRIMERA PERSONA PROTAGONISTA.

Nos cuenta desde su punto de vista, totalmente subjetivo, desde el Yo. Es totalmente confiable porque a esa persona le han pasado las cosas, lo ha vivido en carne propia, sabe realmente de lo que habla, es el protagonista de la historia que está contando. Solo, que no sabe lo que a otras personas le ha pasado, a no ser que hayan interactuado directamente.

### 6.4.2.  PRIMERA PERSONA TESTIGO.

Nos cuenta lo que le pasó a alguien muy cercano, ha presenciado todo, ha sido testigo de los hechos. También su narrativa

Investigación desarrollada por Lucero R. Sara E. Líder de esta investigación de IUCCEG. México & Hinostroza Marcela investigadora de la Corporación Pro Imaga y autora del curso, Cómo escribir tu Libro.

es subjetiva, lo ha visto, aunque no es realmente su vida de la que habla. Puede ser de un amigo, la madre, un hijo, alguien con quien tuvo una experiencia vívida.

## 6.4.3.   TERCERA PERSONA OMNISCIENTE.

Nos cuenta la historia de ella, él o de ellos. Es el dios de la narrativa, todo lo sabe, todo lo ve, todo lo arregla o desarregla. Puede dar vida, eliminar, y saber perfectamente lo que le ocurre a cada persona, lo que piensa, siente y en qué terminará.

## 6.4.4.   TERCERA PERSONA EQUISCIENTE O TESTIGO.

Habla también de él, ella o ellos, pero solo narra referente a una sola persona, o una sola historia. Solo le han contado, o si ha participado en la historia, ha sido muy poco. No participa en la trama y si participa, es lo  mínimo. Es más por referencia lo que cuenta.

**¿Qué voz narrativa vas a usar? ¿Y qué variantes?**

*"La escritura no es producto de la magia, sino de la perseverancia".*

**Richard North Patterson**

"Ya que sabemos que voz narrativa usaremos para contar nuestra historia, podemos  iniciar nuestro libro. Recuerda, que tanto el inicio como  el final deben ser mágicos. Es donde más te debes concentrar.

Investigación desarrollada por Lucero R. Sara E. Líder de esta investigación de IUCCEG. México & Hinostroza Marcela investigadora de la Corporación Pro Imaga y autora del curso, Cómo escribir tu Libro.

Debes empezar con un gancho, con un golpe, debes atrapar al lector en cuanto abre la página de tu primer capítulo.

Y el final, debe ser impredecible, así sea el clásico final feliz, debe haber algo que lo haga único. Te recomiendo que juegues en tu cabeza con dos o tres posibles finales para que cuando estés narrando ni tu misma sepas cual es el final, final. Y de esa manera, el lector al leerte, tampoco lo sabrá. Es una técnica que resulta muy precisa". (Hinostroza M, 2022).

## 6.5. FORMATEO DE LAS SEIS PRIMERAS PÁGINAS DEL LIBRO.

**P**ara impulsar, motivar y sentir que ya tenemos un libro, se recomienda ir avanzando en el manuscrito y formatear el libro digital de esta manera:

- **Primera Página:** Va la portada escrita.

- **Segunda Página:** El Contenido o Índice.

- **Tercera Página:** Agradecimiento o Dedicatoria. Si el libro tuviera prólogo, va primero el prólogo y luego el agradecimiento o dedicatoria.

- **Cuarta Página:** Acerca del autor. En esta parte va la información y logros del autor con su foto y redes.

Investigación desarrollada por Lucero R. Sara E. Líder de esta investigación de IUCCEG. México & Hinostroza Marcela investigadora de la Corporación Pro Imaga y autora del curso, Cómo escribir tu Libro.

- **Quinta Página:** Introducción.
- **Sexta Página:** Inicio con el capítulo I, 1, o con el nombre del relato o cuento.

Al final, se puede poner en los libros académicos o de investigación, la Bibliografía.

Un Glosario, puede ser añadido si es que se han usado palabras o muy rebuscadas o creadas como lenguaje ficticio o escritores académicos que usan conceptos precisos que no son muy conocidos.

El Epílogo, puede ponerse cuando se quiere dejar una puerta abierta para una posible saga, un continuará.

Un anexo si es necesario capturas o fotos de certificados que avalen lo escrito.

Investigación desarrollada por Lucero R. Sara E. Líder de esta investigación de IUCCEG. México & Hinostroza Marcela investigadora de la Corporación Pro Imaga y autora del curso, Cómo escribir tu Libro.

1.- ¿Qué haces para capturar al lector desde el inicio del libro?

2.- ¿Cuántos capítulos va a tener mi libro?

3.- ¿Usaré números romanos en los capítulos, subtítulos o diseñaré algo más para nombrarlos?

4.- ¿Cómo es mi antagonista principal? características, sexo, como se viste,

5.- ¿Debes iniciar de qué manera tu primer capítulo?

6.- ¿Qué preguntas hacer en cada capítulo para que mi historia vaya creciendo? Escribe 5 de cada capítulo.

7.- ¿Cómo estructuro desde la primera página de mi libro, hasta la página 6?

8.- ¿Es el epílogo necesario?

9.- ¿Para qué tipo de escritor es necesario el Glosario?

Ya que la persona, ha podido escribir su obra, se le recomienda registrarla en Derechos de autor. Un libro es como un hijo, así que hay que protegerlo con todas las de la ley. Y procurar registrarlo, no solo en Derechos de autor de su país, sino también ver, otras formas de registro que puedan existir. Como adquirir el ISBN para el libro tapa blanda cuando se imprima y lo mismo cuando se publique en cualquier plataforma digital, esa publicación también le da fecha cierta al manuscrito.

Investigación desarrollada por Lucero R. Sara E. Líder de esta investigación de IUCCEG. México & Hinostroza Marcela investigadora de la Corporación Pro Imaga y autora del curso, Cómo escribir tu Libro.

"Ahora, reafirma tu compromiso. Pon una fecha tentativa de cuando quieres publicar tu libro. Escribe acá abajo la fecha y hora. Próximamente, te estaré enviando el paso a paso de cómo subir tu libro a la biblioteca más grande del mundo.

**FECHA:**                    **HORA:**

Descubre al escritor que llevas dentro" (Hinostroza Marcela, 2022).

Investigación desarrollada por Lucero R. Sara E. Líder de esta investigación de IUCCEG. México & Hinostroza Marcela investigadora de la Corporación Pro Imaga y autora del curso, Cómo escribir tu Libro.

# CAPÍTULO 7

# FASE DE PREPARACIÓN PARA LA PUBLICACIÓN

Investigación desarrollada por Lucero R. Sara E. Líder de esta investigación de IUCCEG. México & Hinostroza Marcela investigadora de la Corporación Pro Imaga y autora del curso, Cómo escribir tu Libro.

Investigación desarrollada por Lucero R. Sara E. Líder de esta investigación de IUCCEG. México & Hinostroza Marcela investigadora de la Corporación Pro Imaga y autora del curso, Cómo escribir tu Libro.

*"Es hora de trascender, dejar una herencia, un legado, ser la mejor versión de ti mismo".*
*Marcela Hinostroza*

## 7.1.   ABRIR UNA CUENTA EN AMAZON.

Es indispensable, para poder publicar un libro  en esa plataforma darse de alta en la misma. Además, también es necesario hacerlo, para concursar por el sello del Amazon Best Seller.

La forma es muy sencilla y se les asesora para abrir su cuenta con un Gmail y su número telefónico.

Posterior, para poder recibir las regalías en Latino América, se debe abrir una cuenta en Payoneer, que será el intermediario para enviarnos las regalías al banco receptor del escritor.

## 7.2.   KDP.

Se dan  clases para conocer la otra plataforma de Amazon que será donde se publique el libro.

Investigación desarrollada por Lucero R. Sara E. Líder de esta investigación de IUCCEG. México & Hinostroza Marcela investigadora de la Corporación Pro Imaga y autora del curso, Cómo escribir tu Libro.

Investigación desarrollada por Lucero R. Sara E. Líder de esta investigación de IUCCEG. México & Hinostroza Marcela investigadora de la Corporación Pro Imaga y autora del curso, Cómo escribir tu Libro.

# CAPÍTULO 8

# FASE DE PUBLICACIÓN EN AMAZON Y ACOMPAÑAMIENTO GRUPAL

Investigación desarrollada por Lucero R. Sara E. Líder de esta investigación de IUCCEG. México & Hinostroza Marcela investigadora de la Corporación Pro Imaga y autora del curso, Cómo escribir tu Libro.

Investigación desarrollada por Lucero R. Sara E. Líder de esta investigación de IUCCEG. México & Hinostroza Marcela investigadora de la Corporación Pro Imaga y autora del curso, Cómo escribir tu Libro.

> *"Libros, caminos y días, dan al hombre sabiduría"*
> *Proverbio Árabe*

Antes de empezar a  publicar el libro, revisamos que esté bien escrito, gramática,  sintaxis, ortografía.

- Formateo para la publicación digital
- Revisamos la portada.
- Revisión de campaña publicitaria.

Así mismo, guardamos los dos  archivos que vamos a subir en nuestra computadora en un lugar fácil para acceder . Ya que se tiene los dos archivos; el que se usa para la portada (JPG) y el que se usa para el manuscrito (WORD). Se le da una asesoría extra de uno a uno o persona a persona, para coordinar y subir el e book a la plataforma digital más grande de mundo y de esa forma su libro pueda ser comprado a la misma vez, tanto en Japón como en Canadá.

Ya que Amazon da el visto bueno de que el libro está en la plataforma a la disposición o venta, s consigue el link de compra.

Se mantiene la campaña publicitaria y se difunden los videos con los horarios de compra para los diversos países donde están las personas del grupo de apoyo. Quienes también lo comparten en sus redes.

Investigación desarrollada por Lucero R. Sara E. Líder de esta investigación de IUCCEG. México & Hinostroza Marcela investigadora de la Corporación Pro Imaga y autora del curso, Cómo escribir tu Libro.

Todos, pendientes del nacimiento del nuevo libro para comprarlo a la hora planteada. En espera, de hacer la magia y llegada la hora de compra, se comparten las capturas de todos los que van comprando.

De esta manera, nunca se deja solo al escritor, quien empieza a ver y sentir todo el apoyo de las personas que compran su obra. Por su parte, el autor de la obra, también hace lo propio en su entorno inmediato; familia, amigos y todo, se convierte en una fiesta amical. Donde, cuando aparece la categorización y si aún no ha conseguido el galardón, se sigue comprando, hasta que el autor consigue el Amazon Best Seller.

El escritor, al fin pueda ver nacer su libro y además, por consiguiente su premio, su galardón: El Amazon Best Seller

Transversalmente se hace apoyo psicológico de acuerdo a las necesidades grupales y en casos especiales intervención individual dentro de un proyecto de investigación.

Investigación desarrollada por Lucero R. Sara E. Líder de esta investigación de IUCCEG. México & Hinostroza Marcela investigadora de la Corporación Pro Imaga y autora del curso, Cómo escribir tu Libro.

# CAPÍTULO 9

# ESPACIO DE APRENDIZAJE SIGNIFICATIVO DE LA ESCRITURA PSICO SOCIOEDUCATIVA

Investigación desarrollada por Lucero R. Sara E. Líder de esta investigación de IUCCEG. México & Hinostroza Marcela investigadora de la Corporación Pro Imaga y autora del curso, Cómo escribir tu Libro.

Investigación desarrollada por Lucero R. Sara E. Líder de esta investigación de IUCCEG. México & Hinostroza Marcela investigadora de la Corporación Pro Imaga y autora del curso, Cómo escribir tu Libro.

Importancia del diseño de espacios de aprendizaje, significativo de la escritura, desde lo psico socio educativo, donde se plasman pensamientos, emociones y sentimientos, desde las diferentes interacciones. Son reflexiones que llevan a un aprendizaje significativo.

*Donde a través de la narrativa los seres humanos son "interpretantes", que no sólo interpretan sus propias experiencias a lo largo de la vida, sino que también les atribuyen significados, determina qué aspectos de cada historia vivida se expresarán y de qué forma; la abstracción del pensamiento narrativo surge de las imágenes y no sigue una lógica lineal; funciona por analogías, por semejanzas. las imágenes se juntan una con la otra y se ponen en secuencias por semejanzas de contenido, por similitud de "tonalidades emotivas "- White M. (20029) citado por Lucero S. (2022)*

Estrategias de aprendizaje autónomo de la escritura, desde lo psico socio educativo.

1. Trabajo de confrontación de la producción escrita en parejas, y en gran grupo interdisciplinar e internacional de estudio y producción intelectual.

En el curso la docente autora y facilitadora del curso, maneja estrategias pedagógicas dinámicas, horarios de acompañamiento personalizado.

2. Define tareas en forma clara y concreta.

3. Acompañar y fortalecer el proceso de cambios logrados.

Investigación desarrollada por Lucero R. Sara E. Líder de esta investigación de IUCCEG. México & Hinostroza Marcela investigadora de la Corporación Pro Imaga y autora del curso, Cómo escribir tu Libro.

4. Establece un horario determinado, para la producción.

5. Promueve el desarrollo de la capacidad y habilidad para compartir en equipo. Por tanto, al revisar el  trabajo cada participante expresa sentimientos, amores, alegrías, tristezas incluso resentimientos.

6. Se facilita espacios para el desarrollo de la capacidad para aceptar críticas y hacer reflexión a partir de ello para encontrarse a sí mismo.

7. Se promueve el saber escuchar, ponerse en el lugar del otro es decir hacer práctica de la empatía.

8. Comprender, que la capacidad de cambio individual, es una contribución para posibilitar por un cambio social

9. Los cambios que se producen en el grupo de estudio y producción internacional, son más significativos, permanentes, en algunos participantes son lentos, en otros más rápidos, todo de pende del ritmo de cada uno.

Investigación desarrollada por Lucero R. Sara E. Líder de esta investigación de IUCCEG. México & Hinostroza Marcela investigadora de la Corporación Pro Imaga y autora del curso, Cómo escribir tu Libro.

## 9.1. DESARROLLO DE ESTRATEGIAS AFECTIVO-MOTIVACIONALES.

- Generación de espacios virtuales, para fortalecer vínculos afectivos a través de la comunicación expresando el sentir y pensar.
- Generación de una red de apoyo incondicional, tanto en momentos críticos como de éxito.
- Generación de espacios de confianza, a través de afinidades y afectos.
- Aprovechar los diferentes espacios para la valoración y reconocimiento de las capacidades del otro
- Talleres vivenciales, para el encuentro consigo mismo.

## 9.2. DESARROLLO DE ESTRATEGIAS DE PLANIFICACIÓN PROPIA.

- Organización del tiempo y espacios de producción escritural.
- Organización de actividades laborales y encuentros virtuales de clases interactivas.
- Organización del tiempo para la vida en familia.

Investigación desarrollada por Lucero R. Sara E. Líder de esta investigación de IUCCEG. México & Hinostroza Marcela investigadora de la Corporación Pro Imaga y autora del curso, Cómo escribir tu Libro.

- Organización para el tiempo de recreación y descanso, muy importante para el desarrollo de la sensibilidad y capacidad de observación.

- Organización de metas a corto, mediano y largo plazo de acuerdo a los módulos o clases de escritura de libros.

## 9.3. DESARROLLO DE ESTRATEGIAS DE AUTORREGULACIÓN.

Metodología de enseñanza y aprendizaje significativo de la escritura, desde lo psico socio educativo.

El curso de aprender a escribir un libro, se fundamenta desde una adaptación del método de (Otalora S, 2010) el cual se orienta por los siguientes principios.

1) Estructuración, alrededor de objetivos centrales y metas específicas.

2) Intensivo, que exija la resolución de problemas relacionados con metas personales.

3) Extensiva, que permita manejar la complejidad de las metas en el tiempo.

Investigación desarrollada por Lucero R. Sara E. Líder de esta investigación de IUCCEG. México & Hinostroza Marcela investigadora de la Corporación Pro Imaga y autora del curso, Cómo escribir tu Libro.

4) Contextualización, para favorecer la toma de conciencia en contextos complejos de interacción consigo mismo, con el entorno y los demás.

5) Generativa, Exige el uso de variadas competencias comunicativas, creativas y escriturales.

Investigación desarrollada por Lucero R. Sara E. Líder de esta investigación de IUCCEG. México & Hinostroza Marcela investigadora de la Corporación Pro Imaga y autora del curso, Cómo escribir tu Libro.

| Criterios | Descripción |
| --- | --- |
| **Estructuración** De acuerdo a objetivos centrales y metas específicas del curso | **(Carátula, sinopsis, argumento)** |
| **Intensivo** Implica una introyección, auto reflexión y toma de conciencia al reinscribir. | **(escritura en borrador)** |
| **Extensiva** Permite manejar la complejidad de las metas en el tiempo | **(Composición textual)** |
| **Contextualización** Favorece la toma de conciencia en contextos complejos de interacción | **(Contextualización historia personal)** |
| **Generativa** Exige el uso de variadas competencias comunicativas y escriturales. | **(Producción textual: ciencia ficción, poética, cuento, novela entre otros)** |

Fuente: adaptado de (Otalora S., 2010)

Investigación desarrollada por Lucero R. Sara E. Líder de esta investigación de IUCCEG. México & Hinostroza Marcela investigadora de la Corporación Pro Imaga y autora del curso, Cómo escribir tu Libro.

## 1. Estructuración describir

| Actividades | Metas específicas por competencia |
| --- | --- |
| Actividad 1 | **Competencia Autoconciencia** es tomar conciencia, de sus emociones, comprender sus estados de ánimo y consecuencias que pueden tener en los demás. |
| Actividad 2 | **Competencia social**: claridad en el manejo de las reglas para la interacción grupal y conocimiento de derechos de autor |
| Actividad 3. | **Auto regulación** Mediante la escritura se fortalece su autoconocimiento, auto reconociendo sus cualidades, fortalezas y debilidades donde sus cualidades, fortalezas y debilidades |
| Actividad 4. | **Automotivación** La escritura ayuda a buscar razones en su interior, encontrar sentido y significado para seguir adelante en la vida |
| Actividad 5 | **Empatía** El presentar avances de producción escrita en el grupo de estudio y producción milagro, es aprender a escuchar con atención a la otra persona, ponerse en su lugar, observar cómo se siente, qué emociones siente y comprender como expresa sus emociones, facilitándole confianza para que exprese su sentir y pensar |

Fuente: Lucero (2022) Psicoeducación en el taller redacción de libros de Hinostroza (2022)

Investigación desarrollada por Lucero R. Sara E. Líder de esta investigación de IUCCEG. México & Hinostroza Marcela investigadora de la Corporación Pro Imaga y autora del curso, Cómo escribir tu Libro.

## 2. Intensivo y resolución de problemas.

| Actividad | Metas específicas por competencias |
| --- | --- |
| 1. Planificación | Competencia social: -Identificación de una meta pertinente a sus intereses.<br>-Participación en la planificación del producto de escritura a través de las clases en vivo<br>-Toma de decisiones.<br>Competencia comunicativa: -Argumentación. -Negociación de significados.<br>-Comprensión de la idea central de un texto. -Producción conjunta de un texto.<br>Competencia científica: investigación, observación participante, producción del texto – Publicación del libro. -Planificación de la presentación del libro |
| 2.Diseño de un plan para la | Competencia social -Trabajo en equipo para lograr una meta del grupo. -Participación en la |

Investigación desarrollada por Lucero R. Sara E. Líder de esta investigación de IUCCEG. México & Hinostroza Marcela investigadora de la Corporación Pro Imaga y autora del curso, Cómo escribir tu Libro.

| | |
|---|---|
| producción escrita | corrección y sugerencias. -Toma de decisiones. Competencia comunicativa -Socialización de ideas y resultados. -Negociación de significados. |
| 3.Extensiva | Flexibilidad en el manejo de metas a corto, mediano y largo plazo de acuerdo de acuerdo al ritmo, habilidades, capacidades y experiencias de los participantes. |
| 4.Contextualización | Reflexión crítica de los diferentes contextos de interacción personal, familiar, escolar y social, etapas de la vida y épocas donde se desarrollan historias y autobiografías. |
| 5. Generativa | Identificación de capacidades y habilidades escriturales para seleccionar el tipo de producción. Orientación publicitaria de los productos o libros. |

Fuente: Lucero (2022) Psicoeducación en el taller redacción de libros de Hinostroza (2021-2022)

Investigación desarrollada por Lucero R. Sara E. Líder de esta investigación de IUCCEG. México & Hinostroza Marcela investigadora de la Corporación Pro Imaga y autora del curso, Cómo escribir tu Libro.

Investigación desarrollada por Lucero R. Sara E. Líder de esta investigación de IUCCEG. México & Hinostroza Marcela investigadora de la Corporación Pro Imaga y autora del curso, Cómo escribir tu Libro.

# CAPÍTULO 10

# ACOMPAÑAMIENTO INTEGRAL

Investigación desarrollada por Lucero R. Sara E. Líder de esta investigación de IUCCEG. México & Hinostroza Marcela investigadora de la Corporación Pro Imaga y autora del curso, Cómo escribir tu Libro.

# EL TENER UNA EXPERIENCIA DESDE LA VIVENCIA DEL APRENDIZAJE.

El aprendizaje significativo, a través de la escritura, es conectarse consigo mismo, aspecto que favorece la toma de conciencia, el autoconocimiento y la autoestima del escritor que le ayuda a empoderarse

A partir de salir de la zona de comodidad, llevando a la autoconciencia y autoconocimiento, como en la **ventana de Hohari**, donde la escritura permite hacer una forma aplicación de esta, "para mejorar la comunicación, generar sinergias, promover el autoconocimiento y detectar oportunidades de mejora tanto para el ámbito personal como laboral". (Experta seguros, 2020) e inclusive social desde las dientes relaciones e interacciones que se establecen tanto en el curso de producción de libros , como en la publicación y márqueting del mismo.

## 10.1. REFLEXIÓN CRÍTICA DESDE EL DIÁLOGO DE SABERES.

Investigación desarrollada por Lucero R. Sara E. Líder de esta investigación de IUCCEG. México & Hinostroza Marcela investigadora de la Corporación Pro Imaga y autora del curso, Cómo escribir tu Libro.

En parejas o desde la participación en pequeño o gran grupo, cada participante tiene la oportunidad de hacer una reflexión crítica. Desde la presentación de sus ideas, producción escrita, portadas, audios de promoción del lanzamiento del libro, entrevistas, entre otros.

*Aprendizaje dialógico, es el encuentro comunicativo que propicia la interacción con los participantes (…), generando aprendizaje tanto a los beneficiarios del proceso (…) como en el facilitador.*

*Este aprendizaje es el fundamento básico en el desarrollo personal, profesional y comu-nitario, donde la participación, la expresión desde la perspectiva socio crítica de Freire del conocimiento activo y crítico.* (Lucero S. E., 2013)

Donde, los procesos psicoeducativos educativos en la producción escrita, necesitan apoyarse en un grupo de reflexión, para que los participantes desarrollen la capacidad comunicativa mediante la expresión de sus pensamientos y emociones.

Para desde su propia voz, "encuentren sus fortalezas y desechen la visión negativa que obstaculiza los procesos de desarrollo humano" (Lucero R.S., 2013).

Donde, es fundamental que la escritura sea el medio para empoderarse, apoyándose en la psicoeducación la cual crea escenarios de aprendizaje para el encuentro dinámico consigo mismo, que lo

Investigación desarrollada por Lucero R. Sara E. Líder de esta investigación de IUCCEG. México & Hinostroza Marcela investigadora de la Corporación Pro Imaga y autora del curso, Cómo escribir tu Libro.

lleve a auto observarse, para decidir por sí mismo en su proyecto de vida.

Donde, "no podemos renunciar a nuestra capacidad y derecho de decidir y como consecuencia a reinventar el mundo donde el objetivo del ser humano es protagonizar su historia, y la educación debe contribuir a que ello sea posible" (Freire como se cita en Gómez, 2008, p. 195). Citado por (Lucero R.S., 2013)pa.31.

Por tanto, el aprendizaje dialógico propicia el autorreconocimiento, desde la acción, participación, mediante la reflexión y encuentro con las realidades personales y la de los demás, en los diferentes contextos.

En consecuencia, el aprendizaje dialógico en el grupo de estudio y producción intelectual, genera conocimiento, activo, conocimiento en la interacción, acción reflexión y compromiso, desde las propias capacidades y necesidades de autogestión.

## 10.2. CÓMO HACER UNA PRESENTACIÓN DEL LIBRO.

**P**ara presentar un libro pueden hacerlo desde el plan de mercadeo, a través de videos personales o book trailers.

- **CAMPAÑA DE INTRIGA.**

Investigación desarrollada por Lucero R. Sara E. Líder de esta investigación de IUCCEG. México & Hinostroza Marcela investigadora de la Corporación Pro Imaga y autora del curso, Cómo escribir tu Libro.

Una semana antes, se puede grabar un video en donde se comunica al público que algo importante está por ocurrir y que se quiere que ellos sean parte de esta nueva aventura que esta por cambiar tu vida.

La campaña publicitaria, puede durar una semana, compartiendo ese video en las redes, contando los días que faltan para el día D. WHATSAPP. FACEBOOK, INSTAGRAM, YOUTUBE, todas las redes o mails que tengamos de amigos, familiares y conocidos nos sirve para enviar información y hacer llegar nuestra propuesta. Se necesita hacer un campaña de información de impacto constante.

**10.3. CAMPAÑA CUENTA REGRESIVA. D**onde, se informa a las personas que faltan tres días. Tres días, para que tu sueño se haga realidad: El nacimiento de tu Libro.

En esta campaña, se puede hacer videos que acompañen el mensaje de promoción con diferentes imágenes referentes a tu libro y citas textuales de algunos pasajes del libro y una breve biografía del autor con su foto.

Investigación desarrollada por Lucero R. Sara E. Líder de esta investigación de IUCCEG. México & Hinostroza Marcela investigadora de la Corporación Pro Imaga y autora del curso, Cómo escribir tu Libro.

## 10.4. CAMPAÑA DÍA D.

El día de lanzamiento ayudamos a crear y compartir el link de venta del libro. Todos los compañeros están pendientes para comprar la obra a la hora acordada.

Todos saben que es fundamental para el objetivo del compañero comprar a la hora pre establecida para cada país. Ya que las personas que entran a estas clases son de los diferentes países de Latinoamérica. Se ve y se siente el apoyo en los chats grupales, el apoyo verbal y escrito con la consigna de ayudar al compañero a conseguir su premio; después de haber escrito el libro, lo que sigue es conseguir el Amazon Best Seller.

Durante toda esta campaña que puede durar de 24 a 72 horas, contamos con el acompañamiento del grupo quienes también comparten los videos y el link de compra en sus redes, donde dan likes y son parte fundamental para la motivación de la persona que está publicando su libro.

Investigación desarrollada por Lucero R. Sara E. Líder de esta investigación de IUCCEG. México & Hinostroza Marcela investigadora de la Corporación Pro Imaga y autora del curso, Cómo escribir tu Libro.

# CAPÍTULO 11

# QUÉ SIGNIFICA UNA PUBLICACIÓN DESDE LA PERSPECTIVA PSICO SOCIO EDUCATIVO

Investigación desarrollada por Lucero R. Sara E. Líder de esta investigación de IUCCEG. México & Hinostroza Marcela investigadora de la Corporación Pro Imaga y autora del curso, Cómo escribir tu Libro.

El establecimiento de metas en la producción textual, paso a paso, ayuda a una automotivación, estableciendo una relación entre la meta, intención y producción textual

Además, este proceso paso a paso, lleva a hacer autoconciencia a través de expresar emociones y pensamientos entre metas, intenciones y producción creativa de textos.

La autoconciencia y la automotivación, ayuda a regular los actos del escritor. Por tanto, intentan conscientemente alcanzar las metas intrínsecas y extrínsecas.

Esto, lleva a dominar la tarea e increpar la habilidad de escribir con buena predisposición, porque hay expectativas frente a la publicación de su libro, por tanto es un aprendizaje significativo, donde se hace conexión la motivación interna con la externa, lo cual da más valor a la actividad con la creatividad e imaginación.

El proceso escritural, con expectativas de logro de una obra, de una publicación, de un Best Seller, da apertura a la fantasía, estética, a la expresión de pensamientos, emociones y sentimientos, al cambio de actitudes, a mejores acciones relaciones e interacciones.

El trabajo en equipo del grupo de estudio y producción: Milagro, favorece la práctica de la amabilidad donde se benefician las

Investigación desarrollada por Lucero R. Sara E. Líder de esta investigación de IUCCEG. México & Hinostroza Marcela investigadora de la Corporación Pro Imaga y autora del curso, Cómo escribir tu Libro.

relaciones interpersonales. Donde la amabilidad, despierta el altruismo, el simpatizar con los demás.

Por lo cual, en el momento del lanzamiento de un libro, de un compañero, hay una gran disposición de los integrantes del grupo milagro a ayudar a alcanzar la meta de una publicación de categoría Best Seller.

Todos, con una gran disposición a ayudar y creer en los demás y alcanzar el logro. No solo es la satisfacción personal sino también del grupo.

Como se puede ver, este proceso de escritura de libros, promueve la satisfacción de logros, lo cual genera gratitud, amabilidad, empatía y cooperación. Este proceso vivencial, psico socioeducativo, lleva a generar confianza, esperanza, altruismo y sensibilidad hacia los demás.

Por otra parte, se va fortaleciendo la responsabilidad como un proceso activo en la práctica de la planificación, organización y ejecución de las tareas.

Todo lo cual, lleva a desarrollar la inteligencia emocional, desde las competencias socioemocionales y la práctica de    otras competencias como el orden, el sentido del deber, autodisciplina y la deliberación.

Investigación desarrollada por Lucero R. Sara E. Líder de esta investigación de IUCCEG. México & Hinostroza Marcela investigadora de la Corporación Pro Imaga y autora del curso, Cómo escribir tu Libro.

Por tanto, se puede decir que llegar a un logro de la publicación de un libro, es un gran aporte social porque al compartir las experiencias en las narrativas, también se hace psicoeducación.

## 11.1. ELEMENTOS PSICOLÓGICOS QUE INFLUYEN EN EL MERCADEO DE OBRAS ESCRITAS.

El color, afecta en un 93% en el ser humano, según la empresa internacional, Color Marketing Group. El cliente, es capaz de comprar un producto según el color, una decisión que solo tarda unos segundos.

Noventa segundos, para que nuestro subconsciente analice el producto, donde el color marca la pauta de aceptación.

También, es claro, que la aceptación del mismo, dependerá de edad, sexo, cultura, edición y otra serie de factores.

## 11.2. PSICOLOGÍA DEL COLOR :

La psicología del color, en la portada de un libro, es necesario usarla ya que ese enamoramiento, del posible comprador lector, es dado fundamentalmente por la vista.

Investigación desarrollada por Lucero R. Sara E. Líder de esta investigación de IUCCEG. México & Hinostroza Marcela investigadora de la Corporación Pro Imaga y autora del curso, Cómo escribir tu Libro.

Este tema, es extenso y en las clases de profesionalización, se les explica, con porcentajes de aceptación de color, para hombres y mujeres. Y las características generales de cada color en el mercadeo.

Como consejo, podríamos resumir, que al utilizar el color en nuestra portada no debemos utilizar en exceso los colores llamativos, porque fatigan. Y al usar el rojo y naranja, hay que hacerlo para resaltar algo, solo en pequeñas proporciones, para llamar la atención.

Recordar que la mente está programada por la televisión, por la publicidad, por la educación, por las costumbres, etcétera, a responder al color.

Investigación desarrollada por Lucero R. Sara E. Líder de esta investigación de IUCCEG. México & Hinostroza Marcela investigadora de la Corporación Pro Imaga y autora del curso, Cómo escribir tu Libro.

Investigación desarrollada por Lucero R. Sara E. Líder de esta investigación de IUCCEG. México & Hinostroza Marcela investigadora de la Corporación Pro Imaga y autora del curso, Cómo escribir tu Libro.

## Bibliografía

Estange I., & Pintado O. (2014). Conceptos básicos de psicoterapia Gestal. *Eureka.Asunción Paraguay*, 106-117.

Eurasquin C., Denegri A., & Michele J. (2014). *Estrategias y modalidades de intervención psicoeducativa:historia y perspectiva en el análisis yconstrucción de practicas y discursos.* Obtenido de https://www.aacademica.org/cristina.erausquin/195.pdf

Experta seguros. (08 de 03 de 2020). *qué es y para qué sirve la ventana de Yohari.* Obtenido de https://www.experta.com.ar/blogg/la-ventana-de-johari-y-sus-4-cuadrantes/

Fauquié, R. (2005). *La ética como escritura Mario Vargas Llosa, Octavio Paz .* Obtenido de http://www.ucm.es/info/especulo/numero30/etiescri.html

García Pérezl, H. R. (2015). El trabajo colaborativo y su influencia en eldesarrollo de la cultura profesional docente. *Gac Méd Espirit vol.17 no.1 Sancti Spíritus.*

Gómez G. (2007). *Autonomía en el aprendizaje: el reto educativo en las instituciones de formación profesional universitaria.* Bogotá: Encuentros 80.

Hinostroza,M (2021) El Virus Espartano, Creación de una Nueva Especie. Perú

Hinostroza ,M (2022) Conferencia y Curso: Cómo escribir tu Libro. Latino América.

Huerta R., G. M. (2016). *Guia de intervención clínica para terapia grupal.* Centros de integración Juvenil A, C.

Investigación desarrollada por Lucero R. Sara E. Líder de esta investigación de IUCCEG. México & Hinostroza Marcela investigadora de la Corporación Pro Imaga y autora del curso, Cómo escribir tu Libro.

kepner, j. (1987). *Proceso corporal.Un enfoque gestal para el trabjo corporal en psicoterapia.* México: Manual Moderno.

Lucero , S. (2022). *La poesia como apoyo psicológico.Explora tus silencios.* Perú: Amazón.

Lucero , S. E. (2013). Estrategias Participativas de integranción transfronteriza Colombo Ecuatoriana . *UNIMAR NO 31*, 23-34.

Lucero, S. (2020). *Desarrollo de competencias socio emocionales desde lo cognitivo emocional.* Pasto: UNIMAR.

Maslow,A. (1983). *El hombre autorealizado.* Barcelona: Kairos.

Massié A. (2010). *El estudiante autónomo y autoregulado.* Obtenido de FLEXIBLES Y DE ESTRATEGIAS DE APRENDIZAJE AUTÓNOMO CURSO: LOS RECURSOS TIC, FAVORECEDORES DE ESTILOS DOCENTES: http://autonomouslearningteacherkat.weebly.com/uploads/1/6/7/1/16715350/doc_2.pdf

Moreña A., Alcaraz N., Amador G., & rAMOS f. (2013). Relación de ayuda en el campo de la enseñanza y aprendizaje. *Cultura de los ciudadanos* , 17-35.

Ojeda L, M. (2011). Arte terapia Gestl "la busqueda de lo que somos". *Arteterapia: Papeles de arteterapia y educación artística para la inclusión social*, 169-181.

Otalora S., Y. (2010). dISEÑO DE ESPACIOS EDUCATIVOS SIGNIFICATIVOS PARA EL DESARROLLO DE COMPETENCIAS EN LA INFANCIA. *CS NO 5*, 71-95.

Perls, F., & Baumgardner, P. (1978). *Terapia Gestalt.Teoría y Práctica.* Mexico: Concepto.

Salama H. (2006). *Manual del test de Psicodiagnóstico Gestalt de Salama.* México: Instituto Mexicano de Psicoterpia Gestalt.

Salama,H. (2006). *Manual del test de psicodiagnóstico Gestalt.* México: Instituto Mexicano de Psicoterapia Gestalt.

Tomeu, B. (2012). Actitudes básicas Rogerianas en la entrevista de relación de ayuda. *Miselánea comillas.Vo.70 # 136*, 123-160.

Investigación desarrollada por Lucero R. Sara E. Líder de esta investigación de IUCCEG. México & Hinostroza Marcela investigadora de la Corporación Pro Imaga y autora del curso, Cómo escribir tu Libro.

Investigación desarrollada por Lucero R. Sara E. Líder de esta investigación de IUCCEG. México & Hinostroza Marcela investigadora de la Corporación Pro Imaga y autora del curso, Cómo escribir tu Libro.

## ANEXO:

Este libro es uno de los resultados de la investigación: "La escritura una herramienta en el desarrollo socioemocional"; investigación desarrollada con  la participación de una investigadora del Instituto de Estudios Universitarios UCCEG , de Colima México. Y una investigadora del equipo especializado en proporcionar un servicio integral artístico, que promueve el empoderamiento del ser humano mediante el leguaje fértil de diversos conceptos originales, escritos y audio visuales; Corporación Pro Imaga MHL S.A.C., de Lima Perú. Obra que enmarca la construcción teórica y la conceptualización, que se fue estructurando a partir de la observación participante en los cursos de redacción de libros, desarrollado durante los años 2021-2022.

Investigación desarrollada por Lucero R. Sara E. Líder de esta investigación de IUCCEG. México & Hinostroza Marcela investigadora de la Corporación Pro Imaga y autora del curso, Cómo escribir tu Libro.

. Centro de trabajo: 06PSU0048Z

## DIRECCIÓN GENERAL

### ACUERDO NO. 11/2021

10 de octubre de 2021

Mediante el cual se aprueba la investigación profesoral interdisciplinar e interinstitucional e internacional, aprobada y avalada por el programa de psicología en el periodo comprendido de agosto – diciembre del 2021

### CONSIDERANDO

Que el Instituto de estudios Universitarios UCCEG de Colima, México, vela por la calidad y promoción de la investigación, en concordancia por los lineamientos que rigen la investigación.

Que el programa de psicología en el Instituto de estudios Universitarios UCCEG de Colima, México y PROIMAGA MHL de Perú. Acogen las directrices institucionales, respecto al ejercicio de la investigación.

Que la investigación presentada al Instituto de estudios Universitarios UCCEG de Colima, México, cumple con los requisitos del proceso científico.

Que la investigación presentada es pertinente a la misión y visión del Instituto de estudios Universitarios UCCEG de Colima México

En antecedentes y justificación se presenta la necesidad de abordar esta temática para aportar al conocimiento psicológico en relación al desarrollo socio emocional a través de la escritura.

La presente investigación incluye marco referencial y metodológico acorde al objeto de estudio

Hay un acuerdo en lo referente al manejo presupuestal y cronograma por parte de las dos instituciones, las cuales realizarán sus aportes en especie. Donde la investigación será liderada por la Dra. Sara Esperanza Lucero Revelo PhD por parte del Instituto de estudios Universitarios UCCEG de Colima, México y la investigadora Mag. Marcela Hinostroza por parte de PROIMAGA, Perú.

www.universidaducceg.edu.mx   contacto@universidaducceg.edu.mx   312 159 7994

Investigación desarrollada por Lucero R. Sara E. Líder de esta investigación de IUCCEG. México & Hinostroza Marcela investigadora de la Corporación Pro Imaga y autora del curso, Cómo escribir tu Libro.

**ACUERDA**

Aprobar la investigación. Interdisciplinar, interinstitucional e internacional" La escritura una herramienta en el desarrollo socioemocional"

**COMUNÍQUESE Y CÚMPLASE**

Dado en Colima México, a los 10 días del mes de octubre de 2021

Director   General

Dr. Juan Flores Preciado

Secretaria

Lic. Rosalina Rodríguez Santacruz

www.universidaducceg.edu.mx   contacto@universidaducceg.edu.mx   312 159 7994

Investigación desarrollada por Lucero R. Sara E. Líder de esta investigación de IUCCEG. México & Hinostroza Marcela investigadora de la Corporación Pro Imaga y autora del curso, Cómo escribir tu Libro.